18일의 변화를
함께 겪을 준비, 되셨나요?

술술 읽히는
# 쉬운 영문법

**술술 읽히는**
# 쉬운 영문법

| | |
|---|---|
| **저자** | 서메리 |
| **발행인** | 허문호 |
| **발행처** | YBM |
| **편집** | 정윤영 |
| **디자인** | 더페이지 |
| **마케팅** | 정연철, 박천산, 고영노, 박찬경, 김동진, 김윤하 |
| **초판인쇄** | 2020년 3월 23일 |
| **7쇄발행** | 2024년 8월 1일 |
| **신고일자** | 1964년 3월 28일 |
| **신고번호** | 제 300-1964-3호 |
| **주소** | 서울시 종로구 종로 104 |
| **전화** | (02) 2000-0515 [구입문의] / (02) 2000-0463 [내용문의] |
| **팩스** | (02) 2285-1523 |
| **홈페이지** | www.ybmbooks.com |
| **ISBN** | 978-89-17-23241-7 |

작가 · 번역가 · 유튜버 서메리의 스토리 & 카툰 영문법

# 술술 읽히는
# 쉬운 영문법

YBM

# 10년 영어
## 아직도 제자리라면??

10년 넘게 공부하고도 영어가 안 된다면 뭐가 문제일까요?

 말하고 쓰는 '진짜 영어'를 하려면 영문법은 기본이죠.
하지만 입시용 학교 문법은 도움이 되지 않아요.

불필요한 용어 암기는 피하고

4형식은 수여동사와
S+V+I·O+D·O···

(X)

꼭 필요한 영문법만
영어권 문화를 바탕으로 재미있게 배운다면

아! 이래서 3인칭
단수 주어일 때 동사에 s를
붙이는 거구나!

(O)

실전 영어에 필요한 영어의 기본 틀을 잡을 수 있어요!

Excuse me, could you
tell me how I can get to
the H hotel?

Go straight and turn
left at the corner.

# 영문법 책인데
# 술~술 읽히네요??

## 첫 페이지부터 기본 개념이 한눈에!

각 day의 첫 페이지는 공부할 문법의 개요를 제시합니다.
도입 페이지의 스토리와 카툰을 통해
학습자들은 해당 문법의 쓰임을 미리
엿볼 수 있어요.

## 초등생도 이해할 수 있는 우리말 비교 설명!

이 책에서는 되도록 어려운 문법용어와 규칙을 배제하고, 영어의
구조를 우리말과 비교하여 설명합니다. 부담 없이 술술 읽다 보면
나도 모르는 사이에 해당 문법의 큰 그림을 파악하게 되죠.

## 스토리 설명을
## 한방에 입력시켜주는 이미지와 카툰!

이 책의 모든 페이지에는 스토리 형식의 설명을 시각화한
이미지와 카툰이 있어요. 스토리와 영어 예문으로 이해하고,
이미지로 기억하세요.

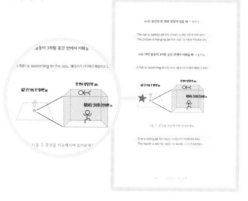

## 문법이 입으로 나오는 복습!

머리로 이해했어도 말이나 글로 쓰지 못하면 무소용이죠.
각 day 마지막 페이지의 실용 문장들을 입으로 연습하여
그날 배운 문법을 온전히 내 것으로 만드세요.

# 목차

# 저자 서메리의 동영상 강의

◀ 이 책에서 다루는 문법사항들의 핵심을 짚어주는 저자 서메리의 동영상 강의도 준비되어 있어요. 저자의 강의 영상을 통해 각 day의 문법포인트를 더욱 잘 이해하고 내 것으로 만드는 방법을 배워보세요.

총 18개의 영상 속에 담긴 서메리 저자의 문법 꿀팁, 놓치지 마세요!

동영상 강의 어디에 있는 거죠?

YBM북스 사이트에서 보거나

www.ybmbooks.com에 접속
⋮
검색창에 '술술 읽히는 쉬운 영문법' 입력
⋮
무료특강 클릭

유튜브에서도 볼 수 있어요!

검색창에
'술술 읽히는 쉬운 영문법'
입력
⋮
구독

day **1**

서메리의
동영상
강의

# 문장은 집짓기다

어떤 언어로 문장을 만드는 과정은

주어진 재료를 적절히 변형하고 배치해서

하나의 완성된 결과물을 만들어낸다는 점에서

집을 짓는 과정과 비슷해요.


영어 문장에서 빠져서는 안 될 핵심 구성 요소들과

우리말과의 결정적 차이를 만드는 영어의 어순에 대해

함께 살펴봐요.

# 문장에서 없어서는 안 될
# 주어와 동사

우리말에서는

"뭐 해?"

"달려."

와 같은 대화가 흔하죠.


굳이

"너 뭐해?"

"나 달려."

라고 말하지 않아도 대화가 통해요.


하지만 영어에서는

주어와 동사는 건물로 치면 벽과 바닥에 해당되는 핵심 요소로,

이 둘이 없으면 문장이 될 수 없어요.


먼저 **주어는** 말 그대로 **문장의 주체, 즉 주인공인 단어예요.**

I run. (나는 달린다.)

이 문장의 주어는 '나(I)'라는 단어죠.

달리기를 하고 있는 '주체'가 바로 '나'니까요.

다음으로 **동사는** '동'이라는 글자에 '동작'의 의미가 담겨 있는 만큼,

**문장 속 주인공의 행동을 나타내는 역할을 합니다.**

I run. (나는 달린다.)

I run.에서 동사는

'나(I)'가 하는 행동인 '달리다(run)'가 되겠죠.

You cry. (너는 운다.)
　　 동사

I like music. (나는 음악을 좋아한다.)
　 동사

한가지 더!

이미 눈치 채신 분들도 있겠지만, 동사가 꼭 물리적인 움직임만을 나타내는 건 아니에요. '달리다(run)'라는 단어는 분명한 움직임을 표현하지만, '좋아하다(like)'는 사실 행동이나 움직임이 아니잖아요? 이처럼 동사에는 '걷다(walk)', '뛰다(run)' 같은 직접적인 동작뿐만 아니라 '사랑하다(love)', '싫어하다(dislike)'처럼 주어의 상태나 감정을 표현하는 단어들까지 포함된다는 점, 꼭 기억하세요!

# 문장의 의미를 완성하는
# 목적어와 보어

주어와 동사가 모든 영어 문장에 반드시 들어가야 하는 필수 요소라면,

목적어와 보어는 문장의 의미를 완성해주는 요소들로,

동사에 따라 문장에 꼭 필요하기도, 그렇지 않기도 해요.


먼저 I smile(나는 웃는다). 같은 문장은

그 자체로 완전한 의미를 지니지만,

I wear(나는 입는다).이나 You want(너는 원한다). 같은 문장들은

주어가 입는 혹은 원하는 대상이 무엇인지 나타내지 않으면

정확한 의미를 전달할 수 없죠.


이럴 때는 동사 뒤에 그 행동의 대상을 나타내는 목적어를

추가해야 합니다.


I wear a coat. (나는 코트를 입는다.)
　　　목적어

They want presents. (그들은 선물을 원한다.)
　　　　　목적어

코트(coat), 선물(presents)이라는 대상을 넣었더니
문장의 의미가 분명해졌죠?

그런데 **모든 동사에 목적어가 필요한 것은 아니에요.**
'웃다(smile)'처럼 스스로 완전한 의미를 지닌 동사라면
대상을 덧붙일 이유가 없죠.

하지만 '~를 입다(wear)', '~를 원하다(want)'처럼
'~을/를'에 해당하는 대상이 필요한 동사에는
반드시 목적어를 붙여야 해요.

행동의 대상 외에

**주어의 상태에 대한 설명**을 해야 할 때도 있는데,

이런 역할을 하는 말을 보어라고 불러요.

She became (그녀는 ~이 되었다)
My brother is (오빠는 ~다)

두 문장 모두 주어와 동사를 갖추고 있지만

동사인 '~이 되었다(became)'와 '~이다/하다(is)' 다음에

주어인 '그녀(She)'와 '오빠(My brother)'의

상태를 설명하는 말이 없어서

불완전한 문장이 될 수밖에 없어요.

이럴 때는 아래와 같이 보어를 추가하면 문장이 완전해져요.

She became a teacher. (그녀는 선생님이 되었다.)
　　　　　 명사 보어

My brother is tall. (오빠는 키가 크다.)
　　　　　 형용사 보어

보어의 역할은 크게 두 가지인데요.

첫 번째 예문처럼 명사가 보어일 땐

주어가 어떤 사람/사물인지 이름이나 신분, 직업 등을 알려주고,

두 번째 예문처럼 형용사가 보어일 땐

주어의 성격이나 속성을 설명할 수도 있어요.

She became a teacher.
〈주어가 어떤 사람인지 알려주는 보어〉

My brother is tall.
〈주어의 속성을 알려주는 보어〉

아무리 길고 복잡한 영어 문장이라고 해도

부가 요소를 다 배고 나면

결국 남는 건 주어와 동사, 목적어, 보어예요.

I wear a coat when it's cold out. (나는 밖이 추울 때 코트를 입는다.)
주어 동사   목적어    부가 요소

She became a teacher in 2020. (그녀는 2020년에 선생님이 되었다.)
주어   동사    보어   부가 요소

 잊지 마세요!

주어와 동사는 모든 문장에 반드시 있어야 하고,
목적어와 보어는 의미상 필요한 경우에 넣어준다!

# 우리말과 영어의 결정적인 차이,
# 어순

'한국말은 끝까지 들어봐야 안다'는 말이 있죠.

누군가 "내가 피자랑 치킨을...."까지만 말했다면

피자와 치킨을 먹었다는 건지, 만들었다는 건지,

그냥 생각만 했다는 건지....

끝까지 듣지 않으면 알 수 없어요.

**우리말은 맨 마지막에 붙는 동사에 따라 의미가 달라**지니까요.


하지만 영어는 다릅니다.

**영어 문장은 기본적으로 주어가 맨 앞에 나오고,**

**동사는 대개 주어의 바로 뒤에 붙어 있어요.**

따라서 문장의 앞부분만 들어도

누가 어떤 행동을 했다는 건지 바로 파악할 수 있어요.

**목적어와 보어를 포함한 나머지 단어들은 동사 뒤에 쭉 따라붙고요.**

우리말: 난 **피자랑 치킨을** 먹어.
　　　　주어　　목적어　　　동사

영어: I eat pizza and fried chicken. (나 - 먹다 - 피자랑 치킨을)
　　　주어 동사　　　목적어

보어가 들어가는 문장도 살펴볼게요.

우리말: 내 남편은 다정하고 재밌는 사람 이야.
　　　　　주어　　　　　　보어　　　　　　동사

영어: My husband is a sweet and funny guy.
　　　　주어　　　동사　　　　　보어

(내 남편 – 이다 – 다정하고 재밌는 사람)

역시 우리말에서는 주어의 상태를 설명해주는 말부터 쭉 나열한 뒤

마지막에 진짜 동사를 나타내기 때문에

문장을 끝까지 들어봐야 정확한 의미를 알 수 있어요.

# 입 으로 복습하기

**1** 나는 창문을 열어.　　　　[ the window / I / open ]

I open the window.

**2** 그는 일기를 써.　　　　[ writes / He / a diary ]

**3** 그들은 책을 읽어.　　　　[ They / books / read ]

**4** 나는 키가 커.　　　　[ am / tall / I ]

**5** 그는 재미있는 사람이야.　　　　[ a funny guy / He / is ]

**6** 내 형은 의사가 됐어.　　　　[ My brother / a doctor / became ]

**정답**

**1** I open the window.　　　　**2** He writes a diary.　　　　**3** They read books.
**4** I am tall.　　　　**5** He is a funny guy.　　　　**6** My brother became a doctor.

서메리의
동영상
강의

# 우리말 동사와 다른 영어 동사의 규칙

한국은 예로부터

마을 어른들을 중심으로 공동체가 발달한 품앗이 문화였던 데 반해,

영어권 국가들은 일찍이 산업이 발달하여

숫자를 정확히 세고 '내 것'과 '네 것'을 정확하게 구분하는 문화였지요.

이것이 언어에도 자연스럽게 영향을 미쳐

우리말은 '서열'을 중시하여 높임말 체계가 발달했고,

영어는 '수'와 '관계'를 중시하는 특성이 동사에 영향을 미치게 되었답니다.

# '수'와 '관계'를 중시하는 영어의 동사

앞서 말한 대로 어른을 공경하고 서열을 중시해온 한국 문화에서는
자연스레 높임말 체계가 발달하게 되었죠.

A라는 사람의 행동을 설명하는 상황이라고 가정해보세요.

A가 방 정리를 해.

A가 방 정리를 하셔.

우리말에서는 동사의 형태만 보고도
말하는 사람과 주어인 A의 서열 관계를 짐작할 수 있어요.

첫 번째 문장의 A는 화자와 서열이 같거나 낮은 사람이고
두 번째 문장 속 A는 화자보다 서열이 높은 사람이죠.

하지만 **영어에서는** 서열이 아닌

주어의 '수'나 화자와의 '관계'를 중요시하고

특히 동사가 현재형일 경우에는 그 영향을 받아 형태가 달라져요.


A cleans the room. (A가 방 정리를 해.)
A clean the room. (A가 방 정리를 해.)


첫 번째 영어 문장의 동사에만 s가 붙어 있죠?

이건 주어인 A와 화자의 관계가

**'나'와 '너'를 제외한 제3자(3인칭)이면서 한 명(단수)**이라는 의미예요.

동사에 s가 붙지 않은 두 번째 문장의 A는

제3자가 아니거나 두 명 이상(복수)인 것으로 짐작할 수 있어요.


Nina cleans the room. (니나가 방 정리를 해.)
3인칭 단수

We clean the room. (우리는 방 정리를 해.)
1인칭 복수

# 일반동사 vs. be동사

영어의 동사는

be동사와 일반동사(be동사를 제외한 모든 동사)로 나뉘는데

**'~한다'에 해당하는 동사는 일반동사**랍니다.

앞에서 배운 대로 **일반동사에서는**

**'주어가 3인칭이면서 단수이고, 동사가 현재형일 때 동사에 s를 붙인다'**

는 규칙이 매우 중요해요.

○ 일반동사 현재형에 s를 붙이는 예외적인 규칙 ○

| goes | s, sh, ch, x, o로 끝나는 단어는 +es | pass(통과하다) → passes<br>wash(씻다) → washes<br>catch(잡다) → catches<br>fix(고치다) → fixes<br>go(가다) → goes |
|---|---|---|
| studies | y로 끝나는 단어는 y를 i로 바꾸고 +es | study(공부하다) → studies<br>(예외) play(놀다) → plays<br>모음+y |
| has | 단 하나의 예외 | have(가지다) → has |

지금부터 배울 be동사는 굉장히 특이한 녀석으로,

우리말의 '~이다/~하다' 혹은 '있다'에 해당해요.


be동사는 보어와 함께 쓰여

주어가 어떤 사람인지, 어떤 상태인지를 나타내기도 하고,

위치나 장소를 나타내는 말과 함께 쓰여

주어의 존재를 나타내기도 합니다.


그녀는 선생님이다. (주어가 어떤 사람인지 나타냄)

그 책들은 책상 위에 있다. (주어가 존재함을 나타냄)


자, 이제 be동사를 써서 영어 문장으로 바꿔볼까요?


She is a teacher. (그녀는 선생님이다.)

The books are on the desk. (그 책들은 책상 위에 있다.)


어라? 바뀐 영어 문장 속에는 'be'라는 단어가 보이지 않네요.

어떻게 된 일일까요?

be동사는 앞에 나오는 주어의 수와 화자와의 관계에 따라
전혀 다른 형태로 변신하는 희한한 단어이기 때문입니다.

○ 주어의 수와 관계에 따른 be 동사의 변화 ○

| 1인칭 | 단수 | I | am | I am a doctor. 나는 의사이다. |
|---|---|---|---|---|
| | 복수 | we | are | We are a family.<br>우리는 가족이다. |
| 2인칭 | 단수/복수 | you | are | You are a girl. 너는 소녀이다. |
| 3인칭 | 단수 | he, she | is | He is tall. 그는 키가 크다. |
| | | it, stone | | This stone is small. 이 돌은 작다. |
| | 복수 | they | are | They are busy. 그들은 바쁘다. |
| | | they, flowers | | The flowers are pretty.<br>이 꽃들은 예쁘다. |

표에서 한눈에 확인할 수 있듯이,

be동사는 '수'나 '관계'를 중시하는 영어의 문화적인 특성이

가장 극단적으로 드러나는 단어라고 할 수 있어요.

한가지 더!

be동사는 주어가 3인칭 단수이고 현재시제인 경우 is를 사용하는 정해진 규칙
이 있으므로, 주어가 3인칭 단수이고 동사가 현재형인 경우 s를 붙인다는 규칙은 일
반동사에만 해당해요.

# 동사 활용하기:
# 부정문과 의문문

이제 be동사와 일반동사를 더욱 폭넓게 활용하기 위해

이 동사들을 가지고 부정문과 의문문 만드는 규칙을 배워볼게요.


be동사가 포함된 문장을

부정문과 의문문으로 만드는 규칙은 아주 간단해요.


먼저 **부정문**은 be동사에 뒤에 'not'을 붙여주면 끝입니다.

I am a doctor. (나는 의사이다.)
I am **not** a doctor. (나는 의사가 아니다.)


**의문문**을 만들고 싶다면

**주어와 be동사의 순서를 바꾸고** 마지막에 **물음표**를 붙여주세요.

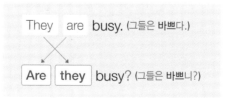

They　are　busy. (그들은 바쁘다.)

Are　they　busy? (그들은 바쁘니?)

이제 '좋아하다(like)'나 '공부하다(study)' 같은

일반동사가 포함된 문장의 활용법을 배워볼게요.


그런데 **일반동사는 혼자서 부정문이나 의문문으로 변신할 수 없어요.**

'do'의 도움이 꼭 필요합니다.

부정문은 동사 앞에 do와 not을 나란히 넣어주면 돼요.


I like pizza. (나는 피자를 좋아한다.)
I **do not** like pizza. (나는 피자를 좋아하지 않는다.)


의문문을 만들 땐

문장 맨 앞에 Do를 붙이고 마지막에 물음표를 붙여주세요.


They study English. (그들은 영어를 공부한다.)
**Do** they study English? (그들은 영어를 공부하니?)

의문문을 만들거래!
내가 나갈게!
do

여기서 잠깐!

아까 배운 내용 중에

주어가 3인칭 단수이고 동사가 현재형인 경우

동사에 s를 붙인다는 규칙이 있었죠?

이런 경우 **부정문과 의문문**을 만들 때도

특별한 규칙이 적용되는데

**동사에 붙은 s를 떼어내고 do가 아닌 does를 활용해야** 합니다.

---

She makes a cake. (그녀는 케이크를 만든다.)
She **does not** make a cake. (그녀는 케이크를 만들지 않는다.)
**Does** she make a cake? (그녀는 케이크를 만드니?)

---

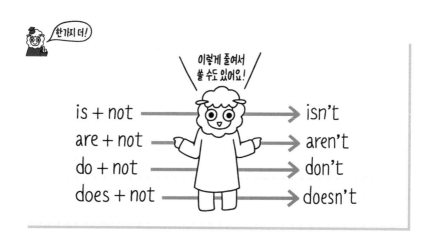

한가지 더!

이렇게 줄여서
쓸 수도 있어요!

is + not ──→ isn't
are + not ──→ aren't
do + not ──→ don't
does + not ──→ doesn't

# 입 으로 복습하기

**1** 나는 배고파.                I   _am_   hungry.

나는 **배고프지 않아.**      I _____ hungry.

너 **배고프니?**            _____ you hungry?


**2** 우리 누나 집에 **있어.**      My sister _____ at home.

우리 누나 집에 **없어.**      My sister _____ at home.

네 누나 집에 **있니?**        _____ your sister at home?


**3** 그 책들은 **지루해.**        The books _____ boring.

그 책들은 **지루하지 않아.**   The books _____ boring.

그 책들은 **지루하니?**      _____ the books boring?


**4** 나는 수학을 **좋아해.**       I   _like_   mathematics.

나는 수학을 **좋아하지 않아.**  I _____ mathematics.

너는 수학을 **좋아하니?**     _____ you _____ mathematics?


**5** 내 고양이는 종일 **자.**      My cat _____ all day long.

내 고양이는 종일 **안 자.**    My cat _____ all day long.

네 고양이는 종일 **자니?**    _____ your cat _____ all day long?


**정답**

**1** am / am not / Are       **2** is / is not / Is       **3** are / are not / Are
**4** like / do not like / Do, like     **5** sleeps / does not sleep / Does, sleep

서메리의
동영상
강의

# 지금 뭐 해? vs. 평소엔 뭐 해?

동사의 기본 시제인 현재, 과거, 미래 중
오늘은 동사의 '현재' 시제에 대해 알아볼 텐데요.
'현재진행'이라는 비슷한 용어의 시제와
헷갈려하시는 분들이 많아요.

지금부터 이 두 시제의 차이를 명쾌하게 정리하는 시간을 갖기로 해요.

# 알고 보면 아주 다른
## '현재'와 '현재진행'

소개팅 자리에서 어색한 침묵을 깨고 상대방이 묻습니다,

"취미가 뭐예요?"

"저는 자전거를 타요."

지금 자전거를 타고 있는 것은 아니지만

평소에 내가 자전거를 즐겨 탄다는 의미로,

**'현재의 일정 기간 동안 지속적으로 이루어지는'**

상황을 나타내는 **현재 시제**를 담고 있어요.

하지만 정말 자전거로 한강변을 달리고 있는 와중에

"너 지금 어디서 뭐 하냐?"는 엄마의 전화를 받는다면 이렇게 말하겠죠.

"자전거 타는 중이에요."

전화 받고 있는 그 순간에 자전거 타는 행동을 하고 있다는 의미로,

**'말하는 바로 그 시점에 진행 중인'**

상황을 나타내는 **현재진행 시제**가 들어 있어요.

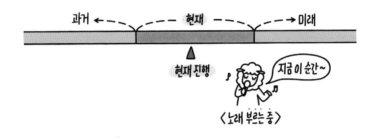

I ride my bicycle. (나는 자전거를 타요.)
현재

I'm riding my bicycle. (나는 자전거를 타는 중이에요.)
현재진행

두 시제의 개념과 차이를 이해하셨다면

지금부터는 각 시제를 활용하여 영어 문장 만드는 방법을 알려드릴게요.

# 늘 그러한 일, '현재' 시제

앞에서 잠시 설명한 것처럼 **현재 시제**는

현재의 일정 기간 동안 지속적으로 이루어지는 상황,

즉 늘 하는 행동, 항상 발생하는 일을 나타내는 데 쓸 수 있어요.


영어 문장에서 동사를 현재형으로 만드는 방법은 아주 간단해요.

**동사의 원래 형태를 쓰고,**

**주어가 3인칭 단수일 땐 동사에 s를 붙여주세요.**


I drink coffee every morning. (나는 매일 아침 커피를 마셔.)
She drinks coffee every morning. (그녀는 매일 아침 커피를 마셔.)


부정문이나 의문문도 지난 시간에 배운

일반동사의 부정문과 의문문 만드는 방법과 동일해요.


I don't drink coffee every morning.
(나는 매일 아침 커피를 마시지는 않아.)
Does she drink coffee every morning?
(그녀는 매일 아침 커피를 마셔?)

일반동사의 현재형으로 '늘 하는 행동'을 나타내는 것뿐만 아니라
be동사의 현재형으로 '늘 그러한 상태 · 성질'도 나타낼 수 있는데요.

친절한        제니씨

Jenny is kind. (제니는 친절해.)

누군가 이런 말을 했다면,

제니는 하루이틀이 아니라 항상 친절한 사람이라는 뉘앙스예요.

여기서 좀 더 나아가면

불변의 진리로 인정받는 '과학적 사실' 또한

현재 시제를 사용해서 얘기할 수 있어요.

내가 둥근게 어디
어제 오늘 일이야?

The Earth is round. (지구는 둥글다.)

# 지금 이 순간 하고 있는 일,
## '현재진행' 시제

우리말의 '~하는 중이다'에 해당하며

말하는 바로 그 순간에 진행 중인 상황을 나타내는

동사의 현재진행형을 만드는 방법은

동사를 'be동사+동사-ing'의 형태로 쓰는 것입니다.

예문을 통해 현재형과 현재진행형을 비교해볼게요.

현재형: I sing a song. (나는 노래 불러.)

현재진행형: I am singing a song. (나는 노래 부르는 중이야.)

be동사가 들어가기 때문에

주어가 3인칭 단수이더라도 s를 붙이는 규칙은 적용되지 않아요.

She is singing a song. (그녀는 노래 부르는 중이야.)

I ride my bicycle. (나는 자전거를 타요.)
I'm riding my bicycle. (나는 자전거를 타는 중이에요.)

오늘 시간의 맨 처음에 배운 문장들이죠.

그런데 두 번째 현재진행형 문장에 뭔가 이상한 점이 있지 않나요?


맞아요, ride라는 동사에 ing를 붙이면

rideing이 되어야 할 것 같은데 맨 끝에 있던 e가 빠져 버렸죠.


우리말에도

6월을 '육월'이 아닌 '유월'로 읽고 쓰는 예외적인 규칙이 있는 것처럼

영어에서 동사의 진행형(동사-ing)을 만드는 규칙에도

예외적인 경우가 있어요.

○ -ing 형태를 만드는 예외적인 규칙 ○

| | | |
|---|---|---|
| making | e로 끝나는 동사는 e를 없애고 +ing | make(만들다) → making<br>give(주다) → giving<br>choose(선택하다) → choosing |
| lying | ie로 끝나는 동사는 ie를 y로 바꾸고 +ing | lie(거짓말하다) → lying<br>die(죽다) → dying<br>tie(묶다)→ tying |
| cutting | '단모음+단자음'으로 끝나는 동사는 마지막 자음을 한 번 더 붙이고 +ing | cut(자르다) → cutting<br>get(얻다) → getting<br>(예외)<br>limit(제한하다) → limiting<br>단모음＋단자음(강세가 앞에!) |

한가지 더!

　일반동사 중에서도 동작을 나타내지 않는 동사, 예를 들면 own(소유하다), like(좋아하다), love(사랑하다) 등과 같이 상태나 감정을 나타내는 동사는 진행형으로 쓸 수 없어요.

- He is owning a luxury car. (X)
- I'm liking you. (X)

부정문이나 의문문도 지난 시간에 배운

be동사의 부정문과 의문문 만드는 방법과 동일해요.


현재형의 부정문, 의문문과 비교해볼게요.


현재형 부정문: I **don't** sing a song. (나는 노래를 부르지 않아.)

현재진행형 부정문: I am **not** singing a song. (나는 노래 부르는 중이 아니야.)


현재형 의문문: **Does** she sing a song? (그녀가 노래를 부르니?)

현재진행형 의문문: **Is** she singing a song? (그녀가 지금 노래 부르는 중이니?)

**1** 나는 아침에 커피를 **마셔.**  I  drink  coffee in the morning.

나는 커피를 **마시는 중이야.**  I  coffee.


**2** 나는 시간이 날 때 책을 **읽어.**  I  read  books in my free time.

나는 책을 **읽는 중이야.**  I  a book.


**3** 나는 주말에 영화를 **봐.**  I  watch  movies on weekends.

나는 영화를 **보는 중이야.**  I  a movie.


**4** 그녀는 테니스를 **치지 않아.**  She  play  tennis.

그녀는 테니스를 **치니?**  she  tennis?


**5** 너는 피자를 **안 먹고 있잖아.**  You  eating  pizza.

너 피자 **먹고 있니?**  you  pizza?


**6** 내 남편은 나한테 **거짓말 안 해.**  My husband  lie  to me.

네 남편은 너한테 **거짓말하니?**  your husband  to you?


**7** 너한테 **거짓말하고 있는 거 아냐.**  I  lying  to you.

너 나한테 **거짓말하고 있는 거야?**  you  to me?


**정답**

**1** drink / am drinking  **2** read / am reading  **3** watch / am watching  **4** doesn't play / Does, play
**5** are not eating / Are, eating  **6** doesn't lie / Does, lie  **7** am not lying / Are, lying

# 살았어요 vs. 지금도 살고 있어요

현재 시제를 이해하시는 데는 큰 어려움이 없으셨을 거예요.

하지만 오늘 함께 배울 과거 시제는 조금 복잡합니다.

바로 '과거'를 바라보는 원어민의 관점이

우리와 다르기 때문인데요.

과거의 일을 현재와 연결 짓는 원어민들의 독특한 사고방식이

영문법에 어떻게 반영되어 있는지 함께 살펴볼게요.

Q. 남자는 지금 서울에 살까요, 떠났을까요?

I lived in Seoul.

Oh…

① 살고 있다.　② 지금은 떠났다.　③ 알 수 없다.

＊정답은 본문 48 페이지에서 확인하실 수 있습니다.

찍지 마세요~
틀려도 괜찮아요

# 현재와 무관하게 과거의 일만 표현하는 '과거' 시제

우리말로 과거를 표현할 땐 '-었다'라는 어미를 붙이죠.

현재: 나는 문을 연다.

과거: 나는 문을 열었다.

영어에서는 -ed라는 어미가 같은 역할을 하기 때문에,

일반동사의 끝에 ed를 붙이면 과거형이 돼요.

현재: I open the door. (나는 문을 연다.)

과거: I opened the door. (나는 문을 열었다.)

동사에 ing를 붙여서 진행형을 만들 때와 마찬가지로

ed를 붙여서 과거형을 만들 때도 몇 가지 예외적인 규칙이 있어요.


○ -ed 형태를 만드는 예외적인 규칙 ○

| liked | e로 끝나는 동사는<br>e를 없애고 +ed | like(좋아하다) → liked<br>move(움직이다) → moved<br>bake(굽다) → baked |
|---|---|---|
| flied | y로 끝나는 동사는<br>y를 i로 바꾸고 +ed | fly(날다) → flied<br>dry(말리다) → dried<br>try(시도하다)→ tried<br>(예외) stay(머물다) → stayed<br>　　　모음+y |
| referred | '단모음+단자음'으로<br>끝나는 동사는 마지막<br>자음을 한 번 더 붙이고<br>+ed | refer(말하다) → referred<br>stop(멈추다) → stopped<br>wed(결혼하다) → wedded<br>(예외) visit(방문하다) → visited<br>단모음＋단자음 (강세가 앞에!) |


그!런!데!

과거형의 예외는 여기서 끝이 아닙니다.

어떤 동사들은 규칙 자체를 거부하고 제 맘대로 바뀌어요.

get(얻다)의 과거형이 뭘까요?

geted? yetted?

둘 다 틀렸어요.

정답은 'got'입니다.


이렇게 과거형이 전혀 달라지는 불규칙 동사들 중

대표적인 것만 아래에서 보여드릴게요.

| 기본형 | 과거형 | 기본형 | 과거형 |
|---|---|---|---|
| go(가다) | went(갔다) | eat(먹다) | ate(먹었다) |
| come(오다) | came(왔다) | drink(마시다) | drank(마셨다) |
| begin(시작하다) | began(시작했다) | read(읽다) | read(읽었다) |
| become(되다) | became(됐다) | write(쓰다) | wrote(썼다) |
| get(얻다) | got(얻었다) | speak(말하다) | spoke(말했다) |
| take(잡다) | took(잡았다) | hear(듣다) | heard(들었다) |
| leave(떠나다) | left(떠났다) | lose(잃다) | lost(잃었다) |

그럼 과거에 어떤 일을 '하지 않았다'는 부정문과

'했냐?'는 의문문은 어떻게 만들까요?


현재시제에서 일반동사의 부정문과 의문문을 만들 때처럼

조동사 do의 도움을 받아야 하는데

시제가 과거임을 나타내기 위해 do의 과거형인 did를 활용해야 해요.


늘 그랬듯이, 콧대 높은 동사는 모양이나 위치를 바꾸지 않고

조동사 did 혼자 이리 뛰고 저리 뛰며 의미를 만들어내죠.


I **did not** open the door. (나는 문을 열지 않았다.)
**Did** I open the door? (내가 문을 열었니?)

제가 조동사였다면 파업이라도 했을 거예요…

부정문 만들고 싶은데…

'Not'가져 왔어요!

의문문 만들자~

제가 앞으로 나갈게요!

# 현재와 연결된 과거의 일을 표현하는
## '현재완료' 시제

자, Day 4 첫 페이지에 나온
퀴즈의 정답을 알아볼 시간이에요.

**I lived in Seoul.** (난 서울에서 살았어.)

이 말을 한 사람은 지금 서울에 살고 있을까요?
아니면 지금은 다른 곳에 살고 있을까요?
정답은 3번, '알 수 없다'입니다.

**과거 시제는 오직 과거의 상황만 알려주므로**
이 문장만으로는 현재 상황을 알 수 없어요.

그런데 이렇게 말했다면 이야기가 달라집니다.

**I have lived in Seoul.** (난 서울에서 살아왔어.)
→ 과거부터 지금까지 쭉 살고 있음

have 하나 더 들어갔을 뿐인데

의미가 전혀 달라졌죠?


이렇게 과거부터 현재까지 쭉 이어지는 정보를 담은 시제가

바로 '현재완료'입니다.


〈 과거 시제와 현재완료 시제에 담긴 정보량의 차이 〉

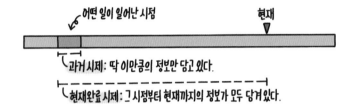

I studied English. (나는 영어를 공부했어.)
→ 과거에는 공부했지만 지금도 하는지는 알 수 없음

I have studied English. (나는 영어를 공부해왔어.)
→ 과거부터 지금까지 쭉 공부하고 있음

그런데

have lived, have studied를 보고

현재완료의 형태가

'have+동사의 과거형'인가 보다

하시는 분 혹시 계신가요?


have lived나 have studied의 lived와 studied는

과거형과 똑같이 '동사의 기본형+ed'의 형태를 띠고 있지만

사실은 과거형이 아닌 '과거분사'형이랍니다.


**현재완료형은 'have+과거분사'인 것이죠.**

**주어가 he, she, it 등 3인칭 단수인 경우에는**

**'has+과거분사'로 써야 하고요.**


Dave **has** studied English. (데이브는 영어를 공부해왔어.)

주어+**have**+과거분사 ▶ 주어**'ve** 과거분사
주어+**has** +과거분사 ▶ 주어**'s** 과거분사

어차피 형태도 같은데 과거형이니 과거분사형이니

따질 필요 없지 않냐고요?

과거형과 과거분사형이 다른 동사들이 있기 때문에

반드시 구분하여 사용하셔야 합니다.

과거형이 -ed로 끝나는 동사의 경우,

과거분사형이 동일하여

어디에 위치해 있는지까지 확인해야 구분할 수 있어요.

하지만 과거형이 불규칙한 동사의 경우,

아래와 같이 과거분사형도 불규칙합니다.

| 기본형 | 과거형 | 과거분사형 | 기본형 | 과거형 | 과거분사형 |
|---|---|---|---|---|---|
| go<br>(가다) | went<br>(갔다) | gone | eat<br>(먹다) | ate<br>(먹었다) | eaten |
| come<br>(오다) | came<br>(왔다) | come | drink<br>(마시다) | drank<br>(마셨다) | drunk |
| begin<br>(시작하다) | began<br>(시작했다) | begun | read<br>(읽다) | read<br>(읽었다) | read |
| become<br>(되다) | became<br>(됐다) | become | write<br>(쓰다) | wrote<br>(썼다) | written |
| get<br>(얻다) | got<br>(얻었다) | gotten | speak<br>(말하다) | spoke<br>(말했다) | spoken |
| take<br>(잡다) | took<br>(잡았다) | taken | hear<br>(듣다) | heard<br>(들었다) | heard |
| leave<br>(떠나다) | left<br>(떠났다) | left | lose<br>(잃다) | lost<br>(잃었다) | lost |

그렇다면 현재완료 시제의 부정문과 의문문은 어떻게 만들까요?

먼저 **부정문**을 만들 땐 have 뒤에 not만 붙여주면 돼요.

I have **not** studied English. (나는 영어를 공부한 적이 없어.)
Dave has **not** studied English. (데이브는 영어를 공부한 적이 없어.)

의문문을 만들고 싶다면 have와 주어의 순서를 바꾼 뒤

나머지 문장을 그대로 써주면 돼요.

**Have** you visited London? (런던에 방문한 적 있니?)
**Has** he visited London? (그는 런던에 방문한 적 있니?)

# be동사의 과거 vs. 현재완료

Day 2에서 배웠던 be동사, 기억하시나요?

'~이다/~하다' 혹은 '~ 있다'라는 의미를 가지면서

앞에 나오는 주어에 따라 형태가 제각각이었죠.


이 be동사에도 과거형과 과거분사형이 있어서

각각 과거, 현재완료 시제를 나타낼 수 있답니다.


우선 아래 표를 통해서

주어에 따른 be동사의 과거형과 과거분사형을 살펴보세요.

| 인칭 | 수 | 기본형 | 현재형 | 과거형 | 과거분사형 |
|------|------|--------|--------|--------|------------|
| 1인칭 | 단수 | be | am | was | been |
| | 복수 | be | are | were | been |
| 2인칭 | 단수/복수 | be | are | were | been |
| 3인칭 | 단수 | be | is | was | been |
| | 복수 | be | are | were | been |

이러한 변화형을 활용하면 다양한 시제를 표현할 수 있어요.

I am a teacher. (나는 교사야.)
→ 현재

I was a teacher. (나는 교사였어.)
→ 과거: 현재 상황은 알 수 없음

I have been a teacher. (나는 교사 일을 해왔어.)
→ 현재완료: 과거부터 지금까지 쭉 교사임

과거의 정보만 전달해주는 과거 시제와

과거에서 현재까지의 정보를 모두 포함하는

현재완료 시제의 차이점,

be동사를 통해서도 확실히 이해하셨죠?

# 입으로 복습하기

1. 나는 지난 주말에 축구를 **했어**.    I played soccer last weekend.

   나는 2002년부터 축구를 **해왔어**.    I _____ soccer since 2002.

2. 그녀는 의사**였어**.    She was a doctor.

   그녀는 9년 동안 의사를 **해왔어**.    She _____ a doctor for 9 years.

3. 그는 영어를 **공부하지 않았어**.    He _____ study English.

   그는 영어를 **공부했니?**    _____ he _____ English?

4. 에릭은 지난 3개월간 비타민C를 **복용하지 않았어.**    Eric _____ taken vitamin C for the last 3 months.

   에릭은 지난 3개월간 비타민C를 **복용해왔니?**    _____ Eric _____ vitamin C for the last 3 months?

5. 제이미는 혼자가 **아니었어.**    Jamie _____ alone.

   제이미는 혼자**였니?**    _____ Jamie alone?

6. 그는 작년부터 이 회사에 **있지 않았어.**    He _____ been at this company since last year.

   그가 작년부터 이 회사에 **있어왔니?**    _____ he _____ at this company since last year?

정답

**1** played / have played      **2** was / has been      **3** didn't study / Did, study

**4** hasn't taken / Has, taken      **5** wasn't / Was      **6** hasn't been / Has, been

# 5 Day

서메리의
동영상
강의

## 뉘앙스에 따라 달라지는 '미래'

'미래' 하면 무조건 will만 떠올리시는 분들,
be going to를 will의 대체 표현으로만 알고 계신 분들,
손들어보세요!

will은 대표적인 미래 조동사가 맞습니다만,
문장의 미묘한 뉘앙스에 따라
be going to만 써야 하는 경우도 있으므로
이 두 표현의 차이점을 정확히 배워보도록 해요.

# '미래'라고 무조건 will은 아니다!

"주말에 뭐 할 거야?"

라는 질문에

아래와 같이 답한다고 가정해보세요.


"영화 볼 거야."


'~할 것이다', '~일 것이다'라는 의미로

미래를 나타내는 데 가장 많이 쓰이는 조동사가 있어요.

바로 will입니다.


우리는 이 will을 써서 쉽게 말할 수 있어요.


**I will** watch a movie. (영화 볼 거야.)


미래의 일을 will만으로 표현할 수 있다면

'미래 = will+동사의 기본형'

이라고 알려드린 후

이 과를 마칠 수 있을 텐데요.

아쉽게도 will로 표현할 수 없는 미래도 있어요.

만약 일주일 전부터 혹은 어젯밤부터

'나 주말에 개봉작 봐야지.'라고 **계획하고 있었던 거라면,**

그리고 이런 뉘앙스까지 내 대답에 담고 싶다면

be going to를 **사용**해서 말해야 합니다.

**I am going to** watch a movie. (영화 볼 거야.)
→ 나 영화 보러 가기로 **이미 계획했어.**

will을 **사용**해서 말한다면

질문을 받은 그 순간에 즉흥적으로

영화 관람을 **결정했다는 뉘앙스를** 담게 됩니다.

**I will** watch a movie. (영화 볼 거야.)
→ 별 **계획** 없었는데 네 질문 듣고 보니 영화를 봐야겠어.

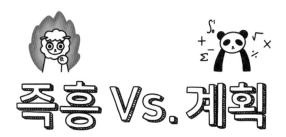

지금까지 be going to를

will 대신 시용할 수 있는 표현으로만 아시고

그때그때 기분 따라 골라 쓰셨던 분들은

내 의도와는 전혀 다른 의미를

상대방에게 전했을 가능성이 매우 큽니다.


다행스러운 것은

will이냐, be going to냐를 고민해서 말해야 하는 경우는

결심이나 의사 결정과 관련된 미래에 해당되고

대부분의 미래는 will을 사용해도 무난하다는 것입니다.

# 미래 시제의 대표주자 will

길을 걷다가 우연히 눈에 들어오는 물건이 있으면

**계획에 없던** 충동구매를 하게 되잖아요.

그럴 때 할 수 있는 말이죠.

I will take that. (나 저거 살래.)
→ 즉흥적인 결정

모임에 오기로 한 친구가

약속시간이 다 되도록 나타나지 않을 때

흔히 이런 말을 하죠.

She will be here soon. (그녀는 곧 오겠지.)
→ 주관적인 추측

친구가 어디쯤 오고 있는지 정확히 알 수 없지만
**근거도 없는 내 주관적인 추측을 표현**하는 뉘앙스인 거죠.

이제 will을 활용해서
부정문이나 의문문도 말할 수 있어야겠죠?

우선 **부정문은 조동사 will 뒤에 not을 붙이면 끝!**
**의문문은 will을 문장 맨 앞으로 이동**시키면 돼요.

do를 활용할 때와 똑같죠?
do나 will이나 모두 조동사이기 때문이에요.

I will **not** take that. (나 저거 안 살 거야.)
**Will** you take that? (너 저거 살 거야?)

She will **not** be here soon. (그녀는 금방 여기 안 올 거야.)
**Will** she be here soon? (그녀가 여기 금방 올까?)

# '계획적인' 미래 be going to

be going to를 써서

이미 정해둔 계획에 대해 말할 수 있다고 배웠어요.

I am going to take that. (나 저거 살 거야.)

이렇게 말하면

내가 저 물건에 대해 이미 구매 계획이 있었다는 걸

대화 상대는 짐작할 수 있는 것이죠.

be going to가 사용되는 또 한 가지 경우를 보여드리면,

It will rain **soon.** (곧 비가 내릴 거야.)
→ 주관적인 추측
It is going to rain **soon.** (곧 비가 내릴 거야.)
→ 객관적인 예측

첫 번째 문장은

다소 개인적인 느낌이나 생각이라는 뉘앙스가 있고,

두 번째 문장은

하늘에 먹구름이 끼었다던가,

아침에 일기예보를 봤다던가 하는

**예측의 객관적인 근거가 있는 경우에** 많이 사용합니다.

be going to가 들어간 문장의

부정문과 의문문을 만드는 방법은

be동사가 들어간 문장의 활용법과 동일해요.

**be동사 뒤에 not을 붙이면 부정문,**

**be동사를 앞으로 빼면 의문문**이 됩니다.

I am **not** going to take **that.** (나 저거 안 살 거야.)
**Are** you going to take **that?** (너 저거 살 거야?)

It is **not** going to rain soon. (곧 비가 내리진 않을 거야.)

**Is** it going to rain soon? (곧 비가 내릴까?)

한가지 더!

미래 시제의 줄임말이에요!

주어 + will ▶ 주어'll

주어 + will not ▶ 주어 + won't

be going to ▶ be gonna

# 입으로 복습하기

**1** 박물관에 갈 거야.　　I _____ visit

벌써 표 샀어.　　the museum. I've already bought tickets.

저 전시회 끝내줄 것 같아.　　The exhibit looks fantastic. I

지금 박물관에 갈 거야.　　_____ the museum now.


**2** 나는 늘 작가를 꿈꿔왔어.　　It has been my dream to be a writer.

난 문학을 **공부할 거야.**　　I _____ study

literature.

〈노인과 바다〉 너무 재미있어!　　_The Old Man and the Sea_ is so good!

나 문학 **공부할래.**　　I _____ literature.


**3** 난 테니스를 **칠 거야.**　　I _____ play tennis.

스텔라랑 약속을 잡아뒀어.　　I've made an appointment with Stella.

심심해. 난 테니스를 **칠 거야.**　　I'm bored. I _____ tennis.


**4** 나 저 바지 안 **입을 거야.**　　I _____ wear those pants.

너 저 바지 **입을 거야?**　　_____ you _____ those pants?


**5** 그는 가까운 시일 내에　　He

**차를 사지 않을 거야.**　　_____ buy a car in the near future.

그가 가까운 시일 내에　　_____ he

**차를 살까?**　　a car in the near future?


정답

**1** am going to visit / will visit　　**2** am going to study / will study　　**3** am going to play / will play

**4** won't wear / Will, wear　　**6** is not going to buy / Is, going to buy

동영상
강의

# 주어보다 '목적어'가 중요하면 수동태

어느 유명 감독의 신작 영화가 개봉했다면

사람들은 그 영화를 만든 감독에 관심이 있을까요,

새 영화에 관심이 있을까요?

'봉찬욱 감독이 새 영화를 만들었다.'가 통상적인 어순이지만,

'봉찬욱 감독'보다 '새 영화'를 1순위로 두어 말하고 싶을 땐

어떻게 말해야 할지

지금부터 함께 배워볼게요.

# 왜 '수동태'를 쓰는 걸까?

어떤 사람의 성향을 표현할 때

매사에 적극적으로 나선다면 '능동적'이라고,

주어진 상황에 휘둘리는 편이라면 '수동적'이라고 하잖아요.


영어의 '수동태', '능동태'도 본질은 같아요.

'주어가 (자신의 의지로) 무엇을 한다'고 할 땐 능동태,

'무엇이 (내 의지와 무관하게) 되어진다'고 할땐 수동태에 해당해요.


하나의 상황을 능동태로도 수동태로도 표현할 수 있어요.


Sarah **rolls** the dice. (사라는 주사위를 굴려.) → 능동태
The dice **is rolled** by Sarah. (주사위는 사라에 의해 굴려져.) → 수동태

그렇다면 영어에서는

왜 굳이 수동태 문장을 만들어 쓰는 걸까요?


우리말은 어떤 행동의 '주체(주어)'에 주로 초점을 맞추고,

영어는 경우에 따라

행동의 영향을 받는 '대상(목적어)'에도 초점을 맞추어 말하는데,

이 경우 관심의 대상인 목적어를 1순위로 두고자

목적어를 주어 자리에 앉히는 수동태가 필요한 것입니다.

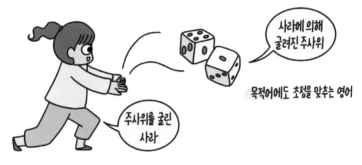

또한 주어가 누구인지 모를 때에도 수동태로 표현해요.


Their new album **was released** yesterday.
(그들의 새 앨범이 어제 발매됐어.)
→ 앨범에만 관심

A man **was murdered** last night. (간밤에 한 남자가 살해됐어.)
→ 누가 죽였는지 모름

# 능동태의 수동태 변환

먼저 '능동태'라는 용어에 대해선 긴장하지 마세요.

지난 5일간 배운 문장들이 모두 능동태였거든요.


능동태는

'주어+동사+목적어' 순의 문장으로

'O는 X를 △한다'에 해당해요.


그럼 이 문장을 수동태로 만들면

'X는 O에 의해 △해진다(△된다)'

가 되는 거죠.

자, 실제 문장으로 보여드릴게요.

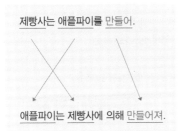

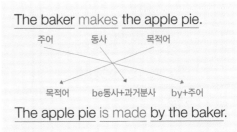

아직 뭐가 뭔지 모르겠고

머릿속이 복잡한 분들을 위해

더 많은 문장으로 연습해볼게요.

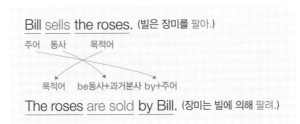

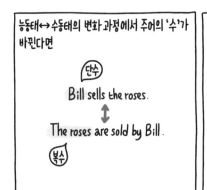

과거 시제의 문장도 살펴볼게요.

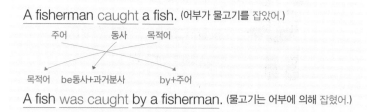

A fisherman caught a fish. (어부가 물고기를 잡았어.)
주어　　동사　　목적어

목적어　be동사+과거분사　　by+주어
A fish was caught by a fisherman. (물고기는 어부에 의해 잡혔어.)

이번에 보여드릴 예는

우리말로도 수동태 문장이 훨씬 자연스러운 형태예요.

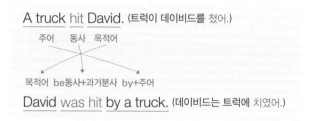

A truck hit David. (트럭이 데이비드를 쳤어.)
주어　동사　목적어

목적어　be동사+과거분사　by+주어
David was hit by a truck. (데이비드는 트럭에 치였어.)

행위자(주어)를 모르는 경우엔

오히려 수동태 문장으로만 쓸 수 있고

'by+주어'도 생략돼요.

(???가 그 전쟁 중에 많은 사람들을 죽게 했어.)

??? killed many people during the war.

주어　동사　　　목적어

목적어　　be동사+과거분사

Many people were killed during the war.

(많은 사람들이 그 전쟁 중에 죽었어.)

**능동태 문장을 수동태로 만드는 공식**

❶ 능동태의 목적어를 수동태의 주어 자리(문장 맨 앞)로 보낸다.

❷ 동사를 'be동사+과거분사' 형태로 바꾼다.

❸ 능동태의 주어 앞에 by를 붙여 맨 뒤로 보낸다.

　 단, 이때 주어가 대명사라면 목적격 대명사로 바꿔준다. (by+목적격)

# 입으로 복습하기

**1** 많은 사람들이 영어를 **사용해**.　Many people　speak　English.

영어는 많은 사람들에게 **사용돼**.　English　　　　　　by many people.

**2** 유진은 매년 새 차를 **구매해**.　Eugene　buys　a new car every year.

매년 새 차가 유진에게 **구매돼**.　A new car　　　　　every year by Eugene.

**3** 그는 편지를 **썼어**.　He　wrote　the letter.

그 편지는 그에 의해 **쓰였어**.　The letter　　　　　by him.

**4** 이 잡지는 매주 **출간돼**.　This magazine　is　published every week.

이 잡지는 매주 **출간되지 않아**.　This magazine　　　　　every week.

이 잡지는 매주 **출간되니?**　　　　this magazine　　every week?

**5** 그것은 강도에게 **도둑맞았어**.　It　was　stolen　by a thief.

그것은 강도에게 **도둑맞지 않았어**.　It　　　　　by a thief.

그것은 강도에게 **도둑맞았니?**　　　it　　by a thief?

---

정답

**1** speak / is spoken　　**2** buys / is bought　　**3** wrote / was written

**4** is published / isn't published / Is, published　　**5** was stolen / wasn't stolen / Was, stolen

서메리의
동영상
강의

# 조동사, 동사에 '의미'를 더하다

영화나 연극에서는 잘 생기고 멋진 주연 배우들도 중요하지만

그 작품의 완성도를 높여주는 건

역시 개성 만점의 조연급 연기자들이죠.


영어 문장에도 이런 조연들이 있는데요.

혼자서는 어떤 역할이나 의미를 갖지는 않지만

주연인 be동사나 일반동사를 도와

구체적인 '의미'를 더해주는

조동사들이 바로 오늘의 주인공입니다.

# 동사의 의미를 구체화하는 조동사

Day 6까지 배운 내용만으로도

우리는 be동사나 일반동사를 활용해

사람이나 사물의 기본적인 행동과 상태를 표현할 수 있어요.


나는 영어를 **배운다**. → I learn English.


시제를 구분하여 말하거나

진행 중인 행동을 전달할 수도 있죠.


나는 영어를 배웠다. → I learned English.

나는 영어를 배울 것이다. → I will learn English.

나는 영어를 배우는 중이다. → I am learning English.

지금까지 배운 기본 문법을 한번 복습해볼까요?

[현재 시제] 주어 + 동사 (+ 목적어 or 보어)

[과거 시제] 주어 + 동사ed (+ 목적어 or 보어)
　　　　　　↳ 불규칙 동사는 별도의 과거형!

[미래 시제] 주어 + will + 동사 (+ 목적어 or 보어)
　　　　　　↳ 계획된 미래는 be going to 동사!

[현재진행형] 주어 + be동사 + 동사ing (+ 목적어 or 보어)

그렇다면 이런 말은 영어로 어떻게 표현할까요?


나는 영어를 **배워야 한다.**


'배우다'라는 일차원적인 행동 묘사를 뛰어넘어
'~해야 한다'는 추가적인 의미가 더해진 문장인데요.
이렇게 **동사에 추가적인 의미, 느낌을 더해주는 것**이
바로 동사를 보조하는 단어인 **조동사의 역할**이에요.


'(반드시) ~해야 한다'라는 '의무'의 느낌은
must라는 조동사로 나타낼 수 있어요.


I **must** learn English. (나는 영어를 배워야 한다.)

# 대표 조동사들과 활용법

여러분의 영어 문장을 더 구체적으로 만들어줄

대표 조동사 몇 가지를 소개해드릴게요.


## ✳ '능력'과 '가능성'의 can

can은 '~할 수 있다'라는 의미로

어떤 행동을 할 수 있는 능력을 보유했다거나

어떤 행동이 일어날 가능성이 있다는

두 가지 의미를 갖는 조동사예요.


You **can** speak French. (넌 프랑스어를 말할 수 있어.)
He **can** join us for dinner. (그는 저녁식사에 우리와 함께할 수 있어.)


## ✳ '불확실한 추측'의 may/might

may와 might은 '~할 수도 있다' 혹은 '~할지 모른다'라는 의미로

확실치 않은 추측을 할 때 사용하는 조동사예요.


He **may**/**might** come. (그는 올 수도 있어.)

## ✻ '강한 의무'와 '강한 추측'의 must

must는 '(반드시) ~해야 한다'라는 강한 의무의 의미 외에도

'~임에 틀림 없다'라는 강한 추측의 의미도 가지고 있어요.

must가 '강한 의무'의 뜻으로 사용될 땐

have to를 대신 사용할 수 있는데

주의해야 할 점들이 있으므로

뒤에서 더 자세히 알려드리도록 할게요.

> I **must** go. (나는 가야 해.)
> She **must** be rich. (그녀는 부유한 게 틀림없어.)

그리고 이미 알고 계신 조동사 하나가 더 있는데

바로 do입니다.

do는 앞에 제시된 다른 조동사들과 달리

특별한 의미는 없지만

일반동사의 부정문과 의문문을 만드는 데 꼭 필요한 조동사죠.

이때 아주 중요한 규칙이 있는데요,

이미 눈치 채신 분도 있겠지만

**조동사 뒤에 오는 일반동사는**

**반드시 원래의 형태, 즉 '원형'이어야 한다는 것!**

must learned, must learning, must learns

이런 형태들은 절대 나올 수 없어요.

be동사도 마찬가지예요.

주어의 인칭이 무엇이든

**조동사 뒤에 올 땐 무조건 be가 되어야 해요.**

will am, will is, will are 안 되고

will be만 맞는 거예요.

이미 미래시제를 배울 때

조동사 will이 포함된 문장의 부정문과 의문문을 만들어봤어요.

**부정문을 만들 땐**

**조동사 뒤에 not을 붙이고요.**

I **will** be a singer. (나는 가수가 될래.)

I **will not** be a singer. (나 가수 안 될래.)

의문문을 만들 땐

조동사를 문장 맨 앞으로 뺀 뒤 마지막에 물음표만 붙여주세요.

You **can** speak French. (너는 프랑스어로 말할 수 있어.)

**Can** you speak French? (너는 프랑스어로 말할 수 있니?)

# 고수들도 헷갈리는
# must vs. have to

조동사의 의미를 우리말로만 알아두면

문법적인 오류를 범하거나

맞지 않는 상황에 사용하게 되는 일이 생겨요.


지금부터 영어 좀 한다는 사람들도

헷갈려 하는 must와 have to를

확실히 비교 분석해드릴게요.


**회화에서는 must보다 have to가 더 많이 사용되긴 하지만**

**의미상으로는 둘 다 '~해야 한다'로 동일해요.**


그런데 have to는 조동사이면서도

일반동사의 성격을 함께 가지고 있어요.


must는 다른 조동사들과 마찬가지로

앞에 어떤 주어가 와도 형태가 바뀌지 않는 반면,

have to는 3인칭 단수 주어가 앞에 오면

has to로 바뀌어요.

You **must** study hard. (넌 열심히 공부해야 해.)

Jenny **must** study hard. (제니는 열심히 공부해야 해.)

You **have to** study hard. (넌 열심히 공부해야 해.)

Jenny **has to** study hard. (제니는 열심히 공부해야 해.)

'과거에 ~해야 했다'라고 말하고 싶다면

인칭에 상관없이 had to를 사용하면 돼요.

must로는 '과거의 의무'를 표현할 수 없어요.

I **had to** study hard then. (그때 난 열심히 공부해야 했어.)

have to가 일반동사의 성격을 가지고 있기 때문에

부정문이나 의문문을 만들 때는

조동사 do의 도움을 받아야 해요.


You **don't have to** study hard.
(넌 열심히 공부할 필요 없어.)
Jenny **doesn't have to** study hard.
(제니는 열심히 공부할 필요 없어.)


**Do** you **have to** study hard? (넌 열심히 공부해야 하니?)
**Does** Jenny **have to** study hard? (제니는 열심히 공부해야 하니?)


여기서 주목해야 할 두 가지!!


첫째,

don't have to의 의미는

'~할 필요가 없다'예요.


'~해서는 안 돼'라는 '**금지**'의 의미는

must not**으로만** 표현할 수 있어요.


You **must not** be late for the meeting. (너 회의에 늦으면 안 돼.)

둘째,

반면 '~해야 하니?'라는 질문은

must가 아닌 have to로만 표현할 수 있어요.

Must you study hard?　　　(X)
Do you have to study hard?　(O)

# 매너 있는 영어를 위한 조동사

영어가 모국어가 아닌 사람들이

각 단어의 뉘앙스까지 알기는 쉽지 않아요.

하지만 이 뉘앙스를 그때그때 잘 알아두면

매너 없는 사람으로 괜한 오해를 사는 일은 없을 거예요.


이와 관련하여 알아두면 좋을

조동사 몇 가지를 언급할게요.


✽ must와 전혀 다른 should

should를 우리말로 번역할 때

'~해야 한다'라고 번역되는 경우가 많아서

should가 must의 동의어인 줄 알고 계신 분들,


아닙니다!

두 조동사는 전혀 다릅니다.


must/have to가 꼭 해야 한다는 강한 의무를 나타내는 반면,

should는 '~하는 게 좋겠다'라는 충고나 조언에 가까워요.

You **must/have to** study hard.
((부모님, 선생님이 지시하듯이) 열심히 공부해야 해.)
You **should** study hard.
((네게 도움 될 테니) 열심히 공부해야 해.)

따라서 should가 어울리는 가벼운 상황에 must를 쓰면

자칫 상대방이 강압적인 느낌을 받을 수도 있어요.

✻ '허락'을 구하는 May I ~?

May I help you? (도와드릴까요?)

라는 말 들어보셨죠?


조동사 may는 추측의 의미를 갖지만

이렇게 May I ~?의 형태일 땐

상대방에게 허락을 구하는 정중한 말이 됩니다.


우리말로도 대뜸 다가와서 "도와드릴게요."라고 말하는 것보다

"도와드릴까요?", "도와드려도 될까요?"라고

상대방에게 먼저 묻는 게

훨씬 더 공손한 느낌을 주는 것처럼요.


May I sit here? (여기 앉아도 될까요?)

May I come in? (들어가도 될까요?)

May I borrow your pen? (펜 좀 빌려도 될까요?)


문법과 어휘도 중요하지만, 결국 마지막은 예의와 배려인 것 같아요.

여러분은 어떤 영어를 구사하고 싶으세요? :)

I come in! (나 들어간다!)

knock knock

May I come in? (들어가도 될까?)

Sure. (그럼)

# ✳ '요청'의 뜻을 담은 Can you ~?

'May I ~?'가 내 행동에 대한 허락을 구하는 표현이라면,

'Can you ~?'는

상대방에게 어떤 행동을 해달라고 요청하는 것입니다.

Can you **help me**? (나 좀 도와줄 수 있어?)
Can you **open the door**? (문 좀 열어줄 수 있어?)
Can you **hand me the cup**? (그 컵 좀 건네줄 수 있어?)

얼핏 보기엔 가능한지 여부를 묻는 질문 같지만

그 속에는 부탁의 의미가 숨어 있어요.

정중히 돌려 말하는 방법 중 하나로 보면 돼요.

# 입 으로 복습하기

1  내가 너랑 갈 수도 있어.　　　　I 　　　　go with you.

2  너는 셰프처럼 요리할 수 있어.　You 　　　cook like a chef.

3  그녀는 사랑에 빠진 게 틀림없어.　She 　　　be in love.

4  너는 손을 자주 씻어야 해.　　　You 　　　wash your hands often.

5  내가 이 컵을 가져도 될까?　　　　　　　keep this cup?

6  다시 한 번 말해줄 수 있어?　　　　　　　tell me one more time?

7  너는 미팅에 참석해야 해.　　　You 　　　attend the meeting.

　　너는 미팅에 참석해선 안 돼.　You 　　　　attend the meeting.

　　너는 미팅에 참석할 필요 없어.　You 　　　　　　　attend the meeting.

　　너는 미팅에 참석해야 하니?　　　　you 　　　　attend the meeting?

　　너는 미팅에 참석했어야 했어.　You 　　　　attend the meeting.

　　너는 미팅에 참석할 필요 없었어.　You 　　　　　　attend the meeting.

　　너는 미팅에 참석해야 했니?　　　　you 　　　　　attend the meeting?

# 동사의 변신은 무죄: to부정사 · 동명사

동사가 주어의 행동이나 상태를 나타내는
본래의 역할에서 벗어나
다른 구성원의 역할을 대신할 때가 있어요.
물론 이럴 땐 동사 그대로의 모습이 아닌
to부정사나 동명사로 변신하는데요.

과연 이들이 문장 속에서 어떤 멀티플레이를 펼칠지
함께 살펴보도록 해요.

# 겉모습으론 판단 불가인
# to부정사와 동명사

우리말에서도

동사가 본래의 역할과 자리를 벗어나

명사의 역할인 주어나 목적어 자리를 꿰차기도 하고,

형용사처럼 수식어 역할을 할 때

명사 앞에 오기도 하죠.

나는 숲길을 걷는다. ························▶ 걷기는 몸에 좋다.

동사 자리 → 서술어 역할　　　　변신　　　주어 자리 → 명사 역할

잎이 나무에서 떨어진다. ·················▶ 나는 떨어진 잎을 주웠다.

동사 자리 → 서술어 역할　　　　　　　　수식어 자리 → 형용사 역할

여기서 주목할 점은,

우리말에서는 동사가 어떤 역할을 하냐에 따라

그 모양이 변형되기 때문에

**단어의 모양만 봐도 그 역할을 짐작**할 수 있다는 것이죠.

걷다 → 걷기

동사　　　명사

떨어지다 → 떨어진

동사　　　　형용사

그런데 영어에서는

단어의 생김새만으로 그 역할을 짐작할 순 없어요.

예를 들어, love(사랑하다)라는 동사를 다른 용도로 쓰기 위해

그 앞에 to를 붙였다고 합시다.

to love 자체만으로

이것이 문장 안에서 어떤 역할을 하는지 알 수 없어요.

To love is to care. (사랑한다는 것은 관심을 가진다는 거야.)
주어 자리 → 명사 역할

I need someone to love. (나는 사랑할 누군가가 필요해.)
수식어 자리 → 형용사 역할

이제부터 우리는

to부정사와 동명사의 역할과

각각을 구분하는 요령을 배워볼게요!

# 명사 직무대행, '동명사'

동명사는 말 그대로 '**명사 역할을 수행하는 동사**'예요.

본래는 동사인데, ing라는 가면을 쓰고

**주어, 목적어, 보어 자리**에 들어앉아

명사의 역할을 대신하고 있는 것이죠.

Singing is my hobby. (노래 부르기는 내 취미야.)
주어 자리 → 명사 역할

Peter loves singing. (피터는 노래 부르기를 좋아해.)
목적어 자리 → 명사 역할

My hobby is singing. (내 취미는 노래 부르기야.)
보어 자리 → 명사 역할

동사 sing에 ing를 붙여 만든 동명사 singing이

문장 내에 위치하는 자리에 따라

여러 가지 명사 역할을 하고 있어요.

동명사의 특징

1. 동사 + ing 형태이다.
2. 주어 or 목적어 or 보어 자리에 있다.
3. 우리말 '~하는 것/~하기'로 해석된다.

# 영문법 계의 스마트폰, 'to부정사'

오직 명사의 역할만 대신하는 동명사와 달리,

to부정사는

**명사뿐 아니라 형용사와 부사의 역할까지 대신해요.**

'부정사'라는 이름만 봐도

'용도가 정해지지 않은 말'이라는 뜻이잖아요.

전화기는 물론 카메라, 컴퓨터로까지 활용할 수 있는

현대인의 생활필수품, 스마트폰과 꼭 닮았죠.

먼저 동명사처럼 **명사 역할을 하는 to부정사**를 볼게요.

To see is to believe. (보는 것이 믿는 것이다. → 백문이 불여일견)
주어 자리    보어 자리 → 명사 역할

I like to cook Italian food. (나는 이탈리아 음식 요리하는 것을 좋아해.)
목적어 자리 → 명사 역할

**형용사 역할**을 할 땐 **명사를 꾸며줘요.**

I bought some books to read. (나는 읽을 책을 몇 권 샀어.)
명사(books) 수식 → 형용사 역할

마지막으로 부사 역할을 하는 to부정사는

목적이나 의도를 나타내기도 하고

형용사나 부사를 수식하기도 해요.


I went to the supermarket <u>to buy</u> some groceries.
(식료품을 사려고 슈퍼마켓에 갔어.) 목적 → 부사 역할

This road is dangerous <u>to walk</u> on. (이 길은 걷기에 위험해.)
형용사(dangerous) 수식 → 부사 역할

# 명사 대행
## to부정사 vs. 동명사

지금까지 동명사와 to부정사가

영어 문장에서 하는 역할을 배웠는데요.

많은 영어학습자들이 헷갈려하는 부분은

to부정사와 동명사가 둘 다 명사처럼 쓰일 수 있다는 것인데요.


둘 다 주어, 목적어, 보어의 역할을 한다면

마음 내키는 대로

어느 때는 동명사를 썼다,

어느 때는 to부정사를 썼다

해도 되는 것일까요?


결론부터 말씀드리면,

**주어나 보어 역할을 할 땐**

**동명사나 to부정사나 동일한 의미**를 가져요.

물론, **동명사가 일상회화에서 더 많이 사용**된다는 점은 있지만

둘 중 무엇을 써도 문법상 틀리지 않아요.

<u>Walking</u> is good for your health. (걷는 건강에 좋아.)

주어 자리 → 명사 역할

<u>To walk</u> is good for your health. (걷는 건강에 좋아.)

주어 자리 → 명사 역할

하지만 목적어 역할을 할 땐

to부정사와 동명사를 구분해서 써야 하는 경우가 많아

주의가 필요해요.


혹시 학창시절에 '동명사만 목적어로 취하는 동사'와

'to부정사만 목적어로 취하는 동사'를 구분해서

달달 외웠던 기억이 나시나요?

| 동명사만 목적어로 쓸 수 있는 동사 | | to부정사만 목적어로 쓸 수 있는 동사 | |
| --- | --- | --- | --- |
| finish(마치다) | enjoy(즐기다) | promise(약속하다) | want(원하다) |
| keep(계속 ~하다) | give up(포기하다) | hope(바라다) | refuse(거절하다) |
| deny(부인하다) | miss(그리워하다) | pretend(~인 척하다) | decide(결정하다) |
| postpone(미루다) | | agree(동의하다) | |

그런데 영어에서는

**과거에 이미 일어난 일이나 현재 하고 있는 일을 묘사할 땐**

**동명사를,**

**아직 일어나지 않은 일을 가정해서 얘기할 땐**

to부정사를 사용하는 경향이 있어요.

위와 같은 특성을

학창시절에 배웠더라면

굳이 그 많은 동사들을 다 외우지 않아도 됐을 텐데 말이죠.

예를 들어, finish는 '마치다'라는 뜻을 가진 동사인데,

아직 일어나지 않은 일을 끝낼 수는 없는 거잖아요.

finish 뒤에 동명사만 오는 것은 당연한 규칙이네요.


I finished **playing** games. (게임하던 걸 마쳤어.)


반대로 '약속하다'라는 뜻을 가진 promise는

아직 하지 않은 어떤 일을 하겠다고 약속하는 것이므로

뒤에 to부정사만 올 수 있는 것이죠.


He promised **to wait** for me. (그는 날 기다리기로 약속했어.)


**한가지 더!**

그런데 like, prefer, love, hate, start, begin, continue 등의 동사 다음에는
동명사와 to부정사가 둘 다 목적어로 올 수 있고 의미상으로도 전혀 차이가 없어요.

- Kids love to play. (아이들은 노는 것을 매우 좋아해.)
- Kids love playing. (아이들은 노는 것을 매우 좋아해.)


특히 stop(멈추다), remember(기억하다), forget(잊다) 등의

일부 동사는 **뒤에 to부정사가 오느냐, 동명사가 오느냐에 따라**

**문장의 의미가 전혀 달라져요.**

> I remember meeting Ryan.
> (나는 라이언 만난 것을 기억해. → 전에 만났음)
>
> I remember to meet Ryan.
> (나는 라이언 만날 것을 기억해. → 아직 안 만났음)

첫 번째 문장에서는 과거에 라이언을 만났던 장면이 기억난 것이고,

두 번째 문장에서는 앞으로 라이언과 만날 약속을 기억한 거죠.

> I forgot locking the door.
> (나는 문을 잠갔던 것을 잊었어. → 이미 잠갔음)
>
> I forgot to lock the door.
> (나는 문 잠그는 것을 잊었어. → 앞으로 잠가야 함)

문을 이미 잠근 과거의 행동이니 동명사,

외출이나 다른 이유로 문을 잠가야 하는

앞으로 해야 할 일을 나타내므로 to부정사인 것이죠.

# 입 으로 복습하기

1. 나는 오늘밤 뭔가 재미있는 것을 **하기를** 원해.

   I want ___ do ___ something fun tonight.

   제니는 설거지 **하는 걸** 마쳤어.

   Jenny finished ___ the dishes.

2. 나는 그와 **말하려고** 멈췄어.

   I stopped ___ talk ___ to him.

   나는 그와 **말하던 것을** 멈췄어.

   I stopped ___ to him.

3. 스티브는 배터리를 **충전하는 것을** 잊었어.

   Steve forgot ___ charge ___ the battery.

   스티브는 배터리를 **충전한 것을** 잊었어.

   Steve forgot ___ the battery.

4. **먹을** 것 있니?

   Do you have something ___ eat ___ ?

   나를 **가르쳐줄** 사람이 필요해.

   I need someone ___ teach ___ me.

   그는 **입을** 옷이 있어.

   He has some clothes ___ wear ___ .

5. 나는 일찍 **깨기 위해서** 알람을 맞췄어.

   I set the alarm ___ wake ___ up ___ early.

   나는 유창하게 **말하기 위해서** 프랑스어를 공부해.

   I study French ___ speak ___ it fluently.

   그녀는 경주에서 **이기기 위해서** 최선을 다했어.

   She did her best ___ win ___ the race.

정답

**1** to do / doing     **2** to talk / talking     **3** to charge / charging
**4** to eat / to teach / to wear     **5** to wake up / to speak / to win

# 다양한 정보를 묻는 의문사 의문문

의문문은 대화에서 아주 중요한 역할을 하는 문장 형태예요.

"어떻게 지내?"같은 가벼운 인사말부터

"지구는 어떻게 태양 주위를 돌아요?" 같은 학술적인 질문까지,

의문문의 형식을 빌려 일상을 공유하고 다양한 지식을 배울 수 있으니까요.

오늘은 '언제', '어떻게', '왜' 같은 의문사를 활용해

다양한 질문을 던지는 방법을 배워볼게요.

# Yes/No 의문문
## vs. 의문사 의문문

기억하고 계실지 모르겠지만

우리는 이미 Day 2에서

be동사/일반동사가 들어가는 문장을 구분하여

의문문 만드는 방법을 배웠어요.

be동사가 들어간 의문문: Are they busy? (그들은 바쁘니?)

일반동사가 들어간 의문문: Do they study English? (그들은 영어를 공부하니?)

그런데 위 의문문들에는 한 가지 공통점이 있어요.

'예(Yes)', '아니오(No)'의 답변이 기대되는 의문문이라는 것이에요.

우리는 이런 의문문을

'Yes/No 의문문'이라고 불러요.

그런데 우리는 '바쁜지 안 바쁜지' 말고 '왜 바쁜지'를,

'공부를 하는지 안 하는지' 말고 '어디서 공부를 하는지'를

묻고 싶을 때도 있어요.


이런 질문을 할 때 필요한 것이 바로

'무엇(what)', '언제(when)', '어디서(where)',

'누구(who)', '왜(why)', '어떻게(how)'인데요.

이런 말들을 '의문사'라고 해요.

이 의문사들을 자세히 보면 모두 w 혹은 h로 시작하죠?

그래서 의문사가 들어간 의문문을

의문사 의문문 혹은 wh-의문문이라고 불러요.

일상에서 흔하게 사용할 수 있는 의문사 의문문들을

우리말과 영어로 함께 보어드릴게요.

넌 무엇을 좋아하니? ➡ What do you like?

너는 누구를 사랑하니? ➡ Who do you love?

그것은 언제 시작하니? ➡ When does it start?

그녀는 어디 있니? ➡ Where is she?

그는 왜 왔니? ➡ Why did he come?

너 거기 어떻게 갔니? ➡ How did you get there?

영어로 옮겨진 의문사 의문문을 보세요.

**의문사 의문문의 두 가지 공통된 패턴이** 보입니다.

첫째, 모든 문장들이 **의문사로 시작해요.**

When does it start? (그것은 언제 시작하니?)
<u>의문사</u>

둘째, **의문사 뒤의 어순은 Yes/No 의문문의 어순과** 같아요.

Does it start at 7? (그것은 7시에 시작하니?)

When does it start? (그것은 언제 시작하니?)

그럼 답변은 어떻게 해야 할까요?

## 의문문을 그대로 활용하되

## 각 의문사가 맡은 역할의 자리에 정보를 넣어 대답하면 됩니다.

**What** do you like?
무엇을
→ I like pizza. (난 피자를 좋아해.)
목적어(what에 해당하는 정보) .

**Who** do you love?
누구를
→ I love Steve. (난 스티브를 사랑해.)
목적어(who에 해당하는 정보)

**When** does it start?
언제
→ It starts at 5. (그것은 5시에 시작해.)
시간의 부사구(when에 해당하는 정보)

**Where** is she?
어디
→ She is at home. (그녀는 집에 있어.)
장소의 부사구(where에 해당하는 정보)

**Why** did he come?
왜
→ He came to see me.
이유의 부사구(why에 해당하는 정보)
(그는 나를 보러 왔어.)

**How** did you get there?
어떻게
→ I got there by bus.
방법의 부사구(how에 해당하는 정보)
(난 버스로 거기 갔어.)

### 한가지 더!

의문문에서 you로 질문했다면 답변에서는 I로, 의문문에서 I로 질문했다면 답변
에서는 you로 말하죠.

Q. What do you like?  A. I like pizza.
Q. Where am I?  A. You are in Jongno.

하지만 she, he, it, they처럼 질문을 하는 당사자와 답변을 하는 상대방을 제외한
제3자는 그대로 유지됩니다.

Q. When did she leave?  A. She left last night.

# 두 가지 형태의
# what/who 의문문

의문사 what과 who가 들어간 의문문은

의문사가 '목적어' 역할을 하느냐, '주어' 역할을 하느냐에 따라

의문문의 형태가 달라집니다.


먼저 '무엇'에 해당하는 정보를 묻는

what 의문문부터 볼게요.


Do you like pizza? (넌 피자를 좋아하니?)
주어  동사  목적어


위 문장은 Yes/No 의문문으로

피자를 좋아하는지 아닌지를 물으며

Do 다음에 주어, 동사, 목적어를 모두 갖추고 있어요.


그런데 상대방이 '무엇'을 좋아하는지 정보를 얻고 싶다면

질문을 의문사 의문문의 형태로 바꿔야 해요.


Do you like what? (넌 무엇을 좋아하니?)
주어  동사  목적어

의문사 의문문에서 의문문은 맨 앞에 위치해야 한다고 하니
what을 맨 앞으로 이동시킬게요.

**What do you like?** (넌 무엇을 좋아하니?)
목적어　　　주어 동사

목적어인 what이 문장 맨 앞으로 나가버렸기 때문에
의문사 다음을 보면 목적어가 빠진 불완전한 문장이죠.

한편 what이 주어 역할을 하는 경우도 있어요.

**What makes you happy?** (무엇이 널 행복하게 하니?)
주어　　동사　　목적어　　보어

이 문장에서는 what이 주어 역할을 하기 때문에
역시 의문사 다음을 보면 주어가 빠진 불완전한 상태예요.

**의문사가 의문문의 주어일 때,**
의문문을 만드는 방법이 더 간단해요.

**문장 맨 앞에 의문사를 쓰고,**
그 뒤에 평서문과 똑같이 '동사-목적어(또는 보어)' 순으로 하고,
**마지막에 물음표를 넣으면 끝이에요.**

의문사와 물음표를 제외하면

질문과 답변이 동일한 어순을 갖는 것이죠.


what 의문문을 이해하셨다면

'누구'에 해당하는 정보를 묻는 who 의문문은

예문만 통해서도 쉽게 이해하실 수 있어요.


Who do you love? (넌 누구를 사랑하니?)
목적어      주어   동사

Who loves her? (누가 그녀를 사랑하니?)
주어    동사   목적어


이렇게 주어 역할을 할 수 있는 의문사는 기본적으로
What 과 Who 밖에 없는데요.

그 이유는 해석을 해보면 분명해져요. 주어 자리에
들어갈 수 있는 의문사가 이 둘뿐이거든요.

＊주어 자리 = 주격조사 (은/는/이/가) 앞

무엇(What)
누구(Who)    ♥ 은/는/이/가

언제(When) 왜(Why) ♥♥ 은/는/이/가
어디(Where) 어떻게(How)

# 'What+명사'
# vs. 'How+형용사/부사'

아래 두 문장을 보세요.

What is this? (이거 뭐야?)
What **book** is this? (이거 무슨 책이야?)

첫 번째 문장에 book이라는 단어 하나만 추가했을 뿐인데

질문의 범위를 '책'으로 좁혀주니

질문 받는 사람 입장에선 훨씬 구체적으로 들리죠.


의문사 what과 how 뒤에는

어떤 단어를 덧붙임으로써

훨씬 더 구체적이거나 다양한 정보를 물을 수 있어요.


먼저 'what+명사' 의문문부터 살펴보면

what 뒤에 **질문의 범위를 나타내는 명사**를 붙여줌으로써

질문하는 사람이 무엇을 알고 싶어 하는지를 정확히 전달할 수 있어요.

What does she like? (그녀는 뭘 좋아해?)
What **food** does she like? (그녀는 무슨 음식을 좋아해?)

What are you listening to? (뭐 듣고 있어?)
What **music** are you listening to? (무슨 음악 듣고 있어?)

 Vs.

이제 'how+형용사/부사' 의문문으로 넘어갈게요.

how는 '방법(어떻게)'이나 '상태(어떠한)'를 물었다면

'how+형용사/부사'는

how far(얼마나 멀리), how expensive(얼마나 비싼) 같이

뒤에 나오는 형용사나 부사의 '정도'를 묻기 때문에

how 의문문과는 직접적인 관련이 없어요.

How did she find them? (그녀는 그것들을 어떻게 찾았어?)

How fast did she find them? (그녀는 얼마나 빨리 그것들을 찾았어?)

How is it? (그건 어때?)

How big is it? (그건 얼마나 커? = 그거 사이즈가 뭐야?)

**1** 너 **왜** 나한테 화났어?　　　　　　　did you get mad at me?

**2** 그는 **언제** 졸업해?　　　　　　　　　does he graduate?

**3** 네가 그걸 **어떻게** 알아?　　　　　　　do you know about that?

**4** 그녀는 오늘 우리에게 **뭘** 보여줄까?　　will she show us today?

**5** 다음 대통령으로 **누구를** 원해?　　　　do you want as the next
　　　　　　　　　　　　　　　　　　　president?

**6** 그는 **어디서** 살아?　　　　　　　　　does he live?

**7** 너 **누구한테** 전화했어?　　　　　　　did you call?

　　**누가** 너한테 전화했어?　　　　　　　called you?

**8** 그녀는 **무슨 색** 좋아해?　　　　color　does she like?

　　그들은 **무슨 과목** 싫어해?　　　subject　do they dislike?

**9** 그녀는 키가 **얼마나 커**?　　　　　tall　is she?

　　학교까지는 **얼마나 멀어**?　　　　far　is it to the school?

정답

| **1** Why | **2** When | **3** How | **4** What | **5** Who | **6** Where |
|---|---|---|---|---|---|
| **7** Who / Who | **8** What color / What subject | | **9** How tall / How far | | |

서메리의
동영상
강의

# 활용도 100% 영어 문형

지난 9일간 우리가 배웠던 시제, 수동태, 의문문 등 많은 문법이

사실은 동사의 활용법을 다루고 있다고 볼 수 있는데요.

그만큼 영어 문장에서 동사의 역할이 중요하다는 것이죠!

한 문장 안에 포함된 동사가

문장의 형식과 구조를 결정짓기 때문이에요.

오늘은 몇 가지 중요한 동사의 유형에 따라

일상회화에서도 자주 사용되는 문형들을 소개할게요.

# 동사의 성질에 따라 달라지는
# 문장의 형식

지금부터 동사의 성질에 따라

문장이 어떻게 영향을 받는지 보여드릴게요.


우선 아래 두 문장을 보세요.

> I became a pilot. (나는 파일럿이 되었어.)
> He is a smart guy. (그는 영리한 남자야.)


두 문장의 공통점은

주어의 상태를 설명하고 있다는 점이에요.


두 문장의 내용을 그림으로 나타내면 다음과 같죠.

I와 a pilot, He와 a smart guy를 동일인으로 나타낼 수 있는 건

각 문장의 동사인 became(되었다)과 is(~이다) 덕분이에요.


became을 met(만나다)로,

is를 likes(좋아하다)로 바꾸면 어떨까요?


I met a pilot. (나는 파일럿을 만났어.)
He likes a smart guy. (그는 영리한 남자를 좋아해.)


동사 하나만 바꿨을 뿐인데,

앞뒤에 위치한 두 단어의 관계가 완전히 바뀌었죠.

I와 a pilot, He와 a smart guy는 더 이상 동일인이 아니에요.

이렇듯 같은 단어가 동일한 위치에 있더라도

함께 사용된 동사의 성질에 따라

완전히 다른 관계와 의미를 갖게 돼요.

# 나는 OO가 되었어:
## 주어의 상태를 설명하는 문형

지금부터 동사의 성질에 따라 구분되는 문장의 형식들 중

가장 먼저 주어의 상태를 알려주는 문형을 살펴보기로 해요.

앞서 만났던 두 가지 문장이 여기에 해당하는데요.

I **became** a pilot. (나는 파일럿이 되었어.)
주어        주격 보어

He **is** a smart guy. (그는 영리한 남자야.)
주어        주격 보어

이 동사들 다음에 나오는 명사들이 주어의 상태를 나타내죠.

이 외에도

look(~해 보이다), smell(~한 냄새가 나다), taste(~한 맛이 나다)처럼

'감각'과 관련된 동사들도 주어의 상태를 설명해줍니다.

You **look** great today! (너 오늘 정말 멋져 보여!)
　주어　　　　주격 보어

The flower **smells** good. (그 꽃은 좋은 향이 나.)
　주어　　　　　　주격 보어

This pie **tastes** sweet. (이 파이는 달콤한 맛이 나.)
　주어　　　　　　주격 보어

형용사 great(멋진), good(좋은), sweet(달콤한)이

각 주어의 상태를 나타내고 있어요.

# 나는 OO을 △△라고 불러:
## 목적어의 상태를 설명하는 문형

이번에는

**목적어에 대해 설명하는 문형**을 배워볼 거예요.

이런 문형이라면 당연히 문장 안에 목적어가 있어야겠죠?

**I call** <u>him</u>. (나는 그를 불러.)
목적어

그리고 목적어인 him의 상태를 설명하고 싶다면

목적어 바로 뒤에 상태를 나타내는 말을 붙여주는 거예요.

**I call** <u>him</u> <u>a genius</u>. (나는 그를 천재라고 불러.)
목적어　목적격 보어

주어의 상태를 나타내는 말을 주격 보어라고 부르듯이,

**목적어의 상태를 나타내는 말은 목적격 보어**라고 해요.

이런 등식이 성립하고

이러한 문형이 된 건 바로 동사 call의 영향이죠.

명사를 목적격 보어로 취하는 call을 비롯하여

make(만들다), find(알게 되다), keep(~하게 유지하다) 같은 동사들이

형용사 보어와 함께 이러한 문형에 사용됩니다.

He always **makes** me happy. (그는 언제나 날 행복하게 해.)
　　　　　　　　목적어　목적격 보어

I **find** the game interesting. (나는 그 게임이 재미있다는 것을 알아.)
　　　목적어　　　　목적격 보어

We will **keep** him safe. (우리는 그를 안전하게 할 거야.)
　　　　　　　목적어　목적격 보어

각 동사의 의미를 생각하면 어떻게 이런 문장이 나오게 되었는지 이해할 수 있어요!

make : OO를 △△ 한 상태로 만들다.

find : OO가 △△ 하다는 것을 알게 되다.

keep : OO를 △△ 한 상태로 지키다 (유지하다)

＊OO = 목적어 / △△ = 목적격 보어

# 나는 ○○에게 △△를 줬어: 주는 사람과 받는 사람이 있는 문형

이번에는

눈에 보이는 물건뿐 아니라 눈에 보이지 않는 것까지

뭔가를 주고받는 행동을 영어로 표현해볼게요.


우선 이런 문형에는

주는 쪽과 받는 쪽이 있기 마련이죠.


I gave him. (나는 그에게 줬어.) (X)


결론부터 말씀드리면,

위 문장은 틀린 문장입니다.

동사 앞뒤에 주는 사람과 받는 사람이 있지만,

무엇을 줬는지가 빠져 있기 때문이죠.

주는 사람과 받는 사람 사이에 오고간

물건 등은 받는 사람 바로 뒤에 쓰면 돼요.


I gave him a present. (나는 그에게 선물을 줬어.) (O)

의견이나 정보처럼 눈에 보이지 않는 것도 주고받죠.

I **gave** her advice. (나는 그녀에게 조언을 했어.)

'주다'라는 의미의 give를 활용해

직접적으로 건네거나 제공하는 상황을 표현하는 것 외에

show(보여주다), teach(가르쳐주다) 등의 동사도

이 문형에 활용됩니다.

Mia **showed** me her album. (미아는 내게 자기 앨범을 보여줬어.)
My mom **taught** me English. (엄마는 내게 영어를 가르쳐주셨어.)

① 주어의 상태를 설명하는 문형
  - 순서 : 주어 + 동사 + 주격 보어
        ↳ is, become, look, smell, taste …

② 목적어의 상태를 설명하는 문형
  - 순서 : 주어 + 동사 + 목적어 + 목적격 보어
        ↳ call, make, find, keep …

③ 주는 이와 받는 이가 있는 문형
  - 순서 : 주어(주는 사람) + 동사 + 받는 사람 + 받은 것
        ↳ give, show, teach …

이번 시간에 배운 내용을 복습해 봐요!

**1** 내 룸메이트는 재미있는 사람**이야**.　　My roommate　　is　　a funny guy.

내 룸메이트는 내 가장 친한 친구가　　My roommate　　　　　　my best
**되었어**.　　friend.

**2** 그녀는 나이에 비해 어려 **보여**.　　She　　　　　young for her age.

갓 구운 빵에선 환상적인 **냄새가 나**.　　The fresh bread　　　　awesome.

블랙커피는 쓴 **맛이 나**.　　Black coffee　　　bitter.

**3** 그게 우리가 그녀를 천사라고 **부르는**　　That's why we　　　　her Angel.
이유야.

그 가파른 절벽은 나를 어지럽게　　The sheer cliff　　　me dizzy.
**만들어**.

**4** 나는 수학이 어렵다는 걸 **알았어**.　　I　　　mathematics difficult.

냉장고는 채소를 신선하게　　The refrigerator　　　vegetables
**유지해줘**.　　fresh.

**5** 엄마가 내게 새 자전거를 **주셨어**.　　My mother　　　me a new bike.

네 작품들을 **보여줄** 수 있니?　　Can you　　　me your works?

레이첼은 내게 새 그리는 법을　　Rachel　　　me how to draw a
**가르쳐줬어**.　　bird.

**정답**

**1** is / became　　　　**2** looks / smells / tastes　　　**3** call / makes

**4** found / keeps　　　　**5** gave / show / taught

# 명사와 수량을 나타내는 말

'숫자'와 '정확함'을 중시하는 영어의 특성상
모든 명사를 '셀 수 있냐, 없냐'는 기준으로 분류하여
셀 수 있으면 '수', 셀 수 없으면 '양'으로 철저히 구별하죠.

수든 양이든 '많다', '적다'로 두루뭉술하게 표현하는
우리로서는 이해하기도 힘들고 피곤하게 느껴집니다만,
영어로 말하거나 쓸 땐 꼭 지켜야 하는 문법이랍니다.

# 셀 수 있는 명사

지금까지 우리가 함께 배운 '명사'는

'사람과 사물의 이름'이라는 개념에 있어서

우리말이나 영어나 별 차이가 없었어요.


그런데 '숫자'라는 렌즈를 통해 명사를 살펴보면

우리말은 기본적으로 명사에 대한 '수'의 개념을 중요시하지 않아서

'수'를 표현할 때도 경계가 불분명해요.

'하나의 기쁨', '세 가지 희망' 같은 식으로

추상적인 명사를 수 개념으로 표현하는 것도 서슴지 않죠.


반면에 **영어는 셀 수 있는 명사와 셀 수 없는 명사를 엄격히 구분**해요.

연필(pencil)이나 공책(notebook)은 셀 수 있지만,

기쁨(joy)이나 희망(hope)을 센다면 문법 오류로 봐요.

이렇게 셀 수 있는 명사를

문법용어로는 '가산명사'라고 부르기도 하는데요,

용어는 알아두시기만 하고

**셀 수 있는 명사와 관련된**

다음 **두 가지 기본원칙**은 꼭 지키셔야 해요!


1. 단수(한 개)일 때는 반드시 앞에 a를 붙인다.


I have a pencil. (나 연필 있어. → 연필 한 자루)
She bought a notebook. (그녀는 공책을 샀어. → 공책 한 권)


2. 복수(여러 개)일 때는 반드시 뒤에 s를 붙인다.


I have pencils. (나 연필 있어. → 연필 여러 자루)
She bought notebooks. (그녀는 공책을 샀어. → 공책 여러 권)


I have three pencils.
She bought five notebooks.

정확한 숫자를 얘기하고 싶을 땐

명사 앞에 숫자를 써주시면 돼요!

셀 수 있는 명사의 두 가지 원칙은 매우 단순해요.

하지만 a나 s를 붙일 때 몇 가지 예외 규칙이 있어요.


∘ 단수명사 앞에 a/an을 붙이는 규칙 ∘

| an orange | 명사가 모음(a/e/i/o/u)으로 시작한다면 +an | an orange (오렌지 한 개)<br>an eraser (지우개 한 개)<br>an umbrella (우산 한 개)<br>(예외)<br>a uniform (유니폼 한 벌)<br>yu 발음 |
| --- | --- | --- |
| an hour | 자음이더라도 그 자음의 발음이 안 날 땐 +an | an hour (한 시간)<br>발음 안 됨 |


∘ 복수 형태를 만드는 예외적인 규칙 ∘

| tomatoes | s, sh, ch, x, o로 끝나는 단어 뒤에는 +es | tomato(토마토) →<br>tomatoes<br>bus(버스) → buses<br>brush(붓) → brushes<br>church(교회) → churches<br>box(상자) → boxes |
| --- | --- | --- |
| wolves | f, fe로 끝나는 단어는 f를 v로 바꾸고 +es | wolf(늑대) → wolves<br>life(생명, 삶) → lives |
| babies | '자음+y'로 끝나는 단어는 y를 i로 바꾸고 +es | baby(아기) → babies<br>(예외)<br>day(하루) → days<br>모음+y |

복수형이 전혀 다르거나 단수형과 동일한 불규칙형도 있어요.

| 단수형 | 복수형 | 단수형 | 복수형 |
|---|---|---|---|
| a man (남자) | men | a woman (여성) | women |
| a foot (발) | feet | a mouse (쥐) | mice |
| a child (어린이) | children | a tooth (치아) | teeth |
| a fish (물고기) | fish | a sheep (양) | sheep |

한가지 더!

참고로, mouse 는 '쥐'를 뜻할 땐 복수형이 mice 지만 컴퓨터 마우스를 의미할 땐 'mouses'로 규칙 변화를 보이는 아주 특이한 단어예요!

mice

mouses

# 셀 수 없는 명사

우리는 병에 든 생수도 덩어리 개념으로 보고

'물 2개'라고 편하게 말하잖아요.


하지만 세부적으로 따져 말하기를 좋아하는 영어에서는

물이 담긴 병과 그 안에 담긴 물을 다르게 취급해요.

병은 1병, 2병 셀 수 있지만,

물 자체는 셀 수 없잖아요.

따라서 two bottles of water(물 두 병)라고 말하면 맞지만

two waters(물 두 개)라고 말하면 틀린 영어가 되는 거죠.

'셀 수 없다'는 말엔 단수/복수 개념이 없으므로

셀 수 없는 명사 앞에는 a도, 뒤에 s도 붙을 수 없어요.

앞에서 예로 든 water처럼

그것을 담고 있는 **병이나 컵 같은 용기가 있다면**

**몇 병, 몇 컵으로 셀 수는 있어요.**

그럼 셀 수 없는 명사(불가산 명사)에는

어떤 것들이 있는지 함께 살펴봐요.

### 추상적인 개념을 나타내는 명사

감정: joy(기쁨), bliss(행복), anger(분노)

성품: kindness(친절함), honesty(정직)

상태: peace(평화), chaos(혼돈)

### 형태를 규정할 수 없는 명사

액체류: water(물), juice(주스), jam(잼)

기체류: steam(증기), wind(바람), smoke(연기)

미세한 분말류: sand(모래), snow(눈), flour(밀가루)

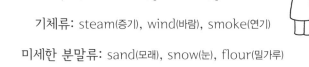

### 종류 전체를 통칭하는 명사

furniture(가구류), jewelry(보석류), machinery(기계류), paper(종이류)

**한가지 더!**

　가산명사든 불가산명사든, 이미 언급했던 명사가 다시 등장할 땐 앞에 the를 붙여야 해요. 말하는 사람도 듣는 사람도 그 명사에 대해 이미 알고 있다는 일종의 확인 도장 역할을 the가 하는 거예요. 참고로 단수라고 해도 a와 the를 함께 쓸 수는 없어요.

# 수와 양 표현하기

셀 수 있는 가산명사와 셀 수 없는 불가산명사는

수와 양을 나타낼 때도 다르게 표현해요.

✳ 많을 때: many vs. much / a lot of

가산명사 앞에는 many를, 불가산명사 앞에는 much를 쓰면

'많다'는 의미가 돼요.

a lot of은 가산, 불가산명사 모두에 사용할 수 있어요.

Many seats are left. (좌석이 많이 남아 있다.)
= There are a lot of seats.
Much water is left. (물이 많이 남아 있다.)
= There is a lot of water.

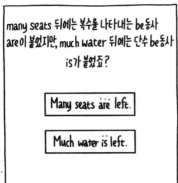

## ❊ 조금 있을 때: a few vs. a little

가산명사 앞에는 a few를,

불가산명사 앞에는 a little을 써서

'조금 있다'는 표현을 할 수 있어요.

A few seats are left. (남은 자리가 몇 자리 있다.)
A little water is left. (물이 조금 남아 있다.)

## ❊ 거의 없을 때: few vs. little

가산명사 앞에는 few를,

불가산명사 앞에는 little을 써서

'거의 없다'는 표현을 할 수 있어요.

Few seats are left. (남은 자리가 거의 없다.)
Little water is left. (남은 물이 거의 없다.)

# 입 으로 복습하기

**1** 질문이 **하나** 있어.      I have    a    question.

질문이 **세 가지** 있어.      I have        questions.

질문이 **많이** 있어.      I have        questions.

질문이 **조금** 있어.      I have          questions.

**2** 그녀는 **물**이 있어.      She has       .

그녀는 물이 **두 병** 있어.      She has         of water.

그녀는 물이 **많이** 있어.      She has      water.

그녀는 물이 **조금** 있어.      She has        water.

**3** 지우개 **하나** 빌려줄래?      Can you lend me      eraser?

나는 지우개를 **세 개** 샀어.      I bought      erasers.

존은 지우개를 **많이** 갖고 있어.      John has      erasers.

교실에 지우개가 **거의 없어**.      We have      erasers in our classroom.

**4** 나는 **종이**가 필요해.      I need      .

바닥에 종이 **두 장**이 있어.      There are         of paper on the floor.

너무 **많은** 종이가 낭비돼.      Too      paper is wasted.

그들에겐 남은 종이가 **거의 없어**.      They have very      paper left.

**정답**

**1** a / three / many / a few      **2** water / two bottles / much / a little

**3** an / three / many / few      **4** paper / two pieces(sheets) / much / little

서메리의
동영상
강의

## 이름을 대신하는 대명사

영어에서는 효율을 중시하는 성향 때문에
동일한 단어를 반복해서 사용하는 걸 매우 꺼려한다고 해요.
우리말에서도 대명사를 일절 사용하지 않는다면
어린아이의 말처럼 유치하고 어색하게 들릴 거예요.

바로 이것이
멀쩡한 이름인 명사 대신
굳이 대명사를 사용해야 하는 이유랍니다.

# 대명사의 기본, 인칭대명사

대명사 중 가장 많이 사용되는 '인칭대명사'는

말하는 사람을 중심으로 사람이나 사물을 가리키는 대명사예요.


말하는 사람 자신인 1인칭은

'나'

듣는 상대방인 2인칭은

'너'

'나'와 '너'를 제외한 제3자와 사물인 3인칭은

'그', '그녀', '그것'

이라고 표현하죠.

우리말에서는

'나', '너', '그' 같은 인칭대명사에

주격 조사(은/는/이/가)만 붙이면 주어,

목적격 조사(을/를)만 붙이면 목적어,

소유격 조사(의)만 붙이면

소유관계를 나타내는 관형어가 되죠.


하지만 영어에서는

**인칭대명사가 문장에서 어떤 역할을 하느냐에 따라**

**단어의 형태가 달라지고**

이것을 **인칭대명사의 '격'**이라고 합니다.

| 그는 커피를 좋아해.<br>주어 | | He likes coffee.<br>주어 → 주격 |
|---|---|---|
| 선생님이 그를 부르셔.<br>목적어 | **vs.** | Teacher calls him.<br>목적어 → 목적격 |
| 이것은 그의 책이야.<br>관형어(소유관계) | | This is his book.<br>관형어(소유관계) → 소유격 |


그런데 여기 한 가지 '격'이 더 있어요.

바로 **'~의 것'**이라는 **소유대명사**인데요.

'소유격만 있으면 됐지, 무슨 소유대명사냐?'

하실 수 있겠지만

'내 것'과 '네 것'을 칼같이 나누는 영어권 사람들의 문화가

대명사에도 영향을 미쳐 생겨난 문법입니다.

그래서 영어에서는 '소유격'과 '소유대명사'라는 2가지 형태로

소유관계를 나타낼 수 있어요.

| | |
|---|---|
| That is **my** dress. | That is **mine**. |
| (저것은 내 드레스야.) | (저것은 내 것이야.) |
| This is **his** book. | This is **his**. |
| (이것은 그의 책이야.) | (이것은 그의 것이야.) |

'소유격'과 '소유대명사'의 차이를 알아차리셨나요?

'소유격'은 반드시 뒤에 명사가 있어야 하고,

'소유대명사'는 그 자체에 '~의 것'이라는 뜻이 있어서

뒤에 명사가 필요 없어요.

| 인칭 | 수 | 주격 | 소유격 | 목적격 | 소유대명사 |
|------|-----|------|--------|--------|-----------|
| 1인칭 | 단수 | I (나는) | my (나의) | me (나를) | mine (내 것) |
| | 복수 | we (우리는) | our (우리의) | us (우리를) | ours (우리 것) |
| 2인칭 | 단수 | you (너는) | your (너의) | you (너를) | yours (네 것) |
| | 복수 | you (너희는) | your (너희의) | you (너희를) | yours (너희 것) |
| 3인칭 | 단수 | he (그는) | his (그의) | him (그를) | his (그의 것) |
| | | she (그녀는) | her (그녀의) | her (그녀를) | hers (그녀의 것) |
| | | it (그것은) | its (그것의) | it (그것을) | - |
| | 복수 | they (그들은/ 그것들은) | their (그들의/ 그것들의) | them (그들을/ 그것들을) | theirs (그들의 것) |

3인칭 대명사의 경우 단수일 땐 사람과 사물을 명확히 구분하지만

복수일 땐 사람도 사물도 They 하나로 표현해요.

잠깐 머리도 식힐 겸

입 푸는 시간을 가져볼까요?

_____ love(s) peace.

(나는/우리는/너는/너희는/그는/그녀는/그들은 **평화를 사랑해.**)

This is _____ house.

(이것이 나의/우리의/너의/너희의/그의/그녀의/그들의 **집이야.**)

Jane left _____.

(제인은 나를/우리를/너를/너희를/그를/그녀를/그들을 **떠났어.**)

_____ is/are in the refrigerator.

(그것은/그것들은 **냉장고 안에 있어.**)

I love _____ color(s).

(그것의/그것들의 **색상이 마음에 들어.**)

Put _____ down.

(그것을/그것들을 **내려놔.**)

It is _____.

(**그건** 내 것/우리 것/네 것/너희 것/그의 것/그녀의 것/그들의 것이야.)

---

**한가지 더!**

우리가 영어를 사용하다 보면 '나의(my)', '너의(your)' 같은 말만 하는 게 아니라 '스티브의', '엄마의' 이런 식으로 고유명사나 일반명사를 가지고도 '소유관계'를 표현하게 되잖아요. 이럴 땐 그 명사 뒤에 '어포스트로피(')+s'를 붙이면 '~의'라는 의미가 돼요.

Steve's notebook (스티브의 공책)    Mom's gloves (엄마의 장갑)

the book's cover (그 책의 표지)

# 가리키는 말, 지시대명사

지시대명사는 말 그대로 사람이나 사물을 '가리키는' 말이에요.

'이 책', '저 여자' 대신

'이것', '저 사람'이라고 표현하는 것이죠.

대표적인 지시대명사라면,

this (이것/이 사람)

that (저것/저 사람)

this와 that 중 어느 것을 사용하는가를 정하는 기준은

'가리키는 대상이 말하는 사람으로부터

얼마나 떨어져 있는가'인데

가까운 것은 this, 먼 것은 that으로 표현해요.

지시대명사는 말 그대로 손가락으로 가리키는
(지시하는) 이미지를 떠올리면 돼요!

This is my pencil. (이것은 내 연필이야.)
That is his motorcycle. (저것은 그의 오토바이야.)

This is my boyfriend. (얘는 내 남자친구야.)
That is Brad's younger sister. (쟤는 브래드의 여동생이야.)

그런데 **가리키는 대상이 둘 이상(복수)이라면**
지시대명사의 형태도 바뀌어요.

these (이것들/이 사람들)

those (저것들/저 사람들)

These are my mom's shoes.
(이것들은 우리 엄마 신발이야.)
Those are Van Gogh's paintings.
(저것들은 반 고흐의 그림이야.)

이쯤 되면 이런 질문이 나올 법도 한데요.

"그럼 it(그것), they(그것들)가
this/that/these/those와 다른 점은 무엇인가요?"

'이것', '그것', '저것'이라는 우리말에 연연하다 보면
it과 they도 지시대명사가 될 수 있지 않나

생각하실 수도 있겠지만

**it이나 they는 인칭대명사로**

**앞에서 이미 언급된 대상을 다시 언급할 때 주로 사용됩니다.**

여러분의 이해를 돕기 위해

this와 it이 함께 들어간 예문을 보여드릴게요.

This is our new house. It is so cozy.
(이것은 우리 새 집이야. 그것은 정말 아늑해.)

새로 이사한 집을 가리키며 지시대명사 this로 말을 꺼내고

그 집 이야기를 다시 할 땐 인칭대명사 it을 사용한 것이죠.

대화 중 상대방이 언급한 대상도

it으로 받아 대화를 이어가야 해요.

A: Is that your cat? (저것이 네 고양이야?)
B: Yes, it's mine. (응, 그것은 내 거야.)

A: What are these? (이것들은 뭐야?)
B: They are my socks. (그것들은 내 양말이야.)

그런데 이 **this와 that이**

**명사 앞에 와서 꾸며주는 역할을 하기도** 해요.

This is my younger brother. (얘는 내 남동생이야.)
**This** man is my younger brother. (이 남자는 내 남동생이야.)

첫 번째 예문 속 This는 지시대명사로서 주어 역할을 하고 있지만,

두 번째 예문의 This는 주어인 명사 man을 꾸며주고 있죠.


그렇다고 해서 '가리키는' 기능이

완전히 사라진 건 아니에요.


this **man** (이 사람)

that **girl** (저 소녀)

these **flowers** (이 꽃들)

those **cats** (저 고양이들)


명사 앞에 나와 꾸며주는 역할을 할 땐

'이', '저'의 의미를 더해주는 한정사의 역할을 한답니다.


Look at **this** photograph. (이 사진 좀 봐.)
**Those** animals are my dogs. (저 동물들은 내 반려견이야.)

명사를 대신할 수 있는 대명사에 one도 있어요. he, she, it, this, that 등이 특정한 명사를 대신하여 쓰인다면 one은 불특정한 종류를 나타낼 때 사용해요.

- I love this blue shirt. Do you have red **one**?

  (이 파란 셔츠가 너무 마음에 들어요. 빨간 것 있나요?)

이 문장에서 one은 shirt를 대신하여 쓰였어요. 복수 명사를 대신할 땐 ones로 쓸 수 있어요.

this와 that의 쓰임만 제대로 알아도 외국 식당에서 주문을 할수 있어요.

This one, please.
(이거 주세요)

OK.

메뉴판을 가리키며

제가 개인적으로 꼽는 유용한 문장 1위예요!

**1** 내 지갑 어디 있지?　　Where is ___my___ wallet?

그녀의 장갑 어디 있지?　　Where are _____ gloves?

이것은 그들의 집이야.　　This is _____ house.

그들은 제인의 부모님이셔.　　They are _____ parents.

**2** 그는 너를 좋아하는 것 같아.　　I think he likes _____.

나는 가서 그를 만나야 해.　　I have to go and see _____.

너는 그것을 사고 싶니?　　Do you want to buy _____?

어디서 그들을 만날 거야?　　Where are you going to meet _____?

**3** 저것 좀 봐. 최신형 모델이야.　　Look at _____! It is the latest model.

이것은 내 새 차야.　　_____ is my new car.

이것들이 네 신발이니?　　Are _____ your shoes?

저것들을 어디서 샀니?　　Where did you buy _____?

**4** 톰이 내 차를 빌려갔어.　　Tom borrowed _____ car.

걔 어제 내 것 망가뜨렸는데.　　He broke _____ yesterday.

**5** 나는 그의 연필을 주웠어.　　I picked up _____ pencil.

나는 내 점심을 가져왔어.
지미는 그의 것을 가져왔지.　　I brought my own lunch. Jimmy brought _____.

정답

**1** my / her / their / Jane's　　**2** you / him / it / them　　**3** that / This / these / those

**4** my / mine　　**5** his / his

서메리의
동영상
강의

# 꾸밈 스페셜리스트, 형용사와 부사

형용사와 부사는 문장 속 다른 요소들을 꾸며주는 단어들이에요.

그 때문에 문장의 뼈대 역할을 하는 명사나 동사에 비해

상대적으로 덜 중요하다는 오해를 받죠.

하지만 아무리 튼튼하게 지은 새 집도

인테리어 전문가의 손길 없이는 완성미가 떨어지는 것처럼

자칫 삭막할 수도 있는 우리의 말과 글에

화려하고 세련된 색을 입혀주는 것이

바로 형용사와 부사가 하는 일이랍니다.

# 명사의 상태를 나타내는
## 형용사

형용사가 '꾸며주는 말'이라고 했는데요.

'꾸민다'의 의미는 정확히 말해

꾸밈의 대상 앞이나 뒤에 위치하여

그 대상을 자세히 나타낸다는 말이에요.


**형용사가 꾸며주는 대상은 명사로,**

아래와 같이 **명사의 상태를 자세히 나타내**준답니다.


길쭉한, 거대한, 웅장한, 당당한, 멋진     나무, 건물

형용사                  명사


형용사는 꾸밈의 대상이 되는 명사 없이

혼자서 문장을 만들 수 없는 부가적인 요소예요.

**하지만 문장에서 형용사를 빼버리면**

**하고자 하는 말의 의도를 제대로 전달할 수 없게 되죠.**

She is a good person. (그녀는 착한 사람이야.)

이 문장에는 심성이 착한 여성을 칭찬하는 의도가 담겨 있어요.
여기서 good(착한)이라는 형용사를 배버리면 어떻게 될까요?

She is a person. (그녀는 사람이야.)

주어, 동사, 보어가 살아 있기 때문에
문장은 성립하지만
'착한'이란 형용사가 사라지면서
전혀 다른 의미의 문장이 되어버렸어요.

형용사는 명사를 두 가지 방식으로 꾸며주는데요,

하나는 **명사의 앞에서 설명**해주는 것이고,

(문법용어로 '수식')

나머지 하나는 **명사의 뒤에서 설명**해주는 거예요.

(문법용어로 '서술')


'수식'이나 '서술' 같은 용어는 낯설겠지만

아래 예문을 보면 둘 사이의 차이를 쉽게 알 수 있어요.


This is a tall tree. (이것은 큰 나무다.)
The tree is tall. (그 나무는 크다.)


두 문장 속의 형용사 tall은 모두

'나무'를 꾸며주고, '크다'는 의미 또한 동일하죠.

표현하는 방식에만 차이가 있는 거예요.


두 방식을 문법적으로 조금 더 자세히 살펴볼까요?


우선 **명사를 직접적으로 꾸며주는 '수식'**은

**형용사를 명사 앞에 붙이기만** 하면 돼요.

the blue bird (파란 새)
the hungry child (배고픈 아이)
the funny movie (웃긴 영화)

명사의 상태를 풀어서 설명하는 '서술'은

'명사+be동사' 뒤에 형용사를 두면 돼요.

The bird is blue. (그 새는 파랗다.)
The child is hungry. (그 아이는 배고프다.)
The movie is funny. (그 영화는 웃기다.)

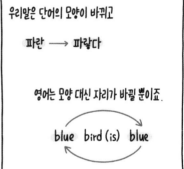

# '동사'에서 '형용사'로
# 커리어 변신


길쭉한, 거대한, 웅장한, 당당한, 멋진


이제 위와 같은 말은 명사의 상태를 나타내는 말,

즉 형용사라는 것을 쉽게 구분할 수 있게 됐어요.


아래와 같은 말은 어떨까요?


웃는, 걷는, 춤추는, 떨어진, 부서진, 구워진


형태나 성질 같은 정적인 상태 대신

동적인 행동을 묘사하는

'웃다', '굽다' 같은 **동사**를

**단어의 형태만 살짝 바꾸어 형용사로 변신시킨 거죠.**


웃다 + ~하는 → 웃는

굽다 + ~해진 → 구워진

영어에서는 이러한 변신이 어떻게 일어나는지 살펴볼게요.

smile(웃다) + ing(현재분사형) → smiling(웃는)
bake(굽다) + ed(과거분사형) → baked(구워진)

Day 4에서 배웠던 동사의 '**과거분사**', 기억나시죠?

규칙형 동사의 경우

과거형이랑 똑같이 ed로 끝나는데

역할이 다르다고 했었잖아요.

과거분사의 역할들 중 하나가 바로

**타인이나 환경에 의해 명사에 어떤 동작이 행해지는**

**'수동'의 의미를 담은 형용사**예요.

단, 과거분사의 형태가 ed로 끝나지 않고

불규칙적인 형태도 있으니 유의하세요.

There is baked bread. (구워진 빵이 있어.)
　　　　과거분사

I looked at the fallen leaves. (난 떨어진 잎을 바라봤어.)
　　　　　　　과거분사

이와 반대로, 동사에 ing를 붙이면

**명사가 어떤 동작을 스스로 하는**

'능동'의 의미를 담은 형용사가 되는데요.

과거분사와 구분하기 위해 '**현재분사**'라고 불러요.


A smiling face is beautiful. (웃는 얼굴은 아름다워.)
　현재분사

That dancing man is my boyfriend. (저 춤추는 남자가 내 남자친구야.)
　　　현재분사

그런데 감정과 관련된 일부 동사는

현재분사와 과거분사를 혼동하여 사용하면

**의미가 전혀 달라져** 오해를 불러일으킬 수 있으므로

주의해서 사용해야 해요.

interest (흥미롭게 하다) → interesting (흥미를 유발하는)

interested (흥미를 느끼게 된)

bore (지루하게 하다) → boring (지루함을 유발하는)

bored (지루함을 느끼게 된)

tire (피곤하게 하다) → tiring (피곤함을 유발하는)

tired (피곤함을 느끼게 된)

"그 남자 지루해하고(bored) 있어."라고 할 것을

"그 남자 지루한(boring) 사람이야."라고

말하지 않도록 조심해야겠죠.

# 문장의 뉘앙스를 전달하는
## 부사

부사는 형용사처럼 다른 단어를 꾸며주는데,

그 꾸밈의 범위는 형용사보다 넓은 대신,

그 역할의 중요성은 훨씬 약하고 부수적이에요.


따라서 **부사를 생략해도**

**문장의 핵심 내용을 전달하는 데 전혀 지장이 없어요.**

생략하면 문장의 의미가 불완전해지는

형용사와 구별되는 부분이죠.


The sky is very clear. (하늘이 매우 맑다.)


여기서 부사인 very(매우)를 생략해볼게요.


The sky is clear. (하늘이 맑다.)


강조하는 느낌이 빠졌을 뿐,

문장의 기본 의미는 그대로 살아 있죠?

그렇다고 해서 부사가 불필요하거나 무의미한 것은 아니에요.

부사는 문장의 섬세한 뉘앙스를 전달하니까요.


또한 부사는 **명사를 제외**할 뿐,

**동사와 형용사**는 물론이고,

다른 **부사**나 심지어 **문장 전체**까지 수식할 수 있어요.


He carefully watched the movie. (그는 영화를 신중하게 보았어.)
→ 동사(watched) 수식

We have some very clean water. (우리에겐 매우 깨끗한 물이 있어.)
→ 형용사(clean) 수식

He runs quite fast. (그는 꽤 빠르게 달려.)
→ 부사(fast) 수식

Unfortunately, I couldn't meet Susie. (안타깝게도 나는 수지를 못 만났어.)
→ 문장 전체 수식

# 다양한 형태의 부사

부사는 몇 가지 형태로 분류할 수 있어요.

첫 번째는 그 자체가 부사로 태어난 정통파들이죠.

very(매우), quite(꽤), always(항상), sometimes(종종), never(절대)

Jane speaks Spanish very fluently.
(제인은 스페인어를 매우 유창하게 말해.)

always, sometimes, never 등

빈도를 나타내는 부사들은 문장 내 위치가

주로 be동사 뒤, 일반동사 앞이에요.

She is always cool. (그녀는 항상 멋져.)
I sometimes go shopping. (나는 종종 쇼핑을 해.)

두 번째는 형용사를 바탕으로 한 부사로,

**형용사 끝에 'ly'를 붙인 형태**예요.

물론, friendly(다정한)처럼 ly가 붙었음에도

형용사인 경우도 있지만 소수에 해당해요.

careful(신중한)   →   carefully(신중하게)

beautiful(아름다운)   →   beautifully(아름답게)

quick(빠른)   →   quickly(빠르게)

She is a careful woman. (그녀는 신중한 여자야.)
She carefully reads the book. (그녀는 책을 신중하게 읽어.)

또 happy, lucky, heavy처럼

**'y'로 끝나는 형용사들은**

y를 i로 바꾼 뒤에 ly를 붙여야 해요.

happy(행복한)   →   happily(행복하게)

Luckily, I was not injured. (운 좋게도 나는 다치지 않았어.)
It rains heavily. (비가 심하게 내려.)

세 번째는 **형용사와 부사의 형태가 동일**한 경우예요.


fast(빠른 / 빠르게), late(늦은 / 늦게), high(높은 / 높게)


형태는 동일하지만 무엇을 수식하는지에 따라 위치가 달라져요.


Look at that fast car. (저 빠른 차 좀 봐.)
→ 명사(car) 수식

Thelma runs fast. (델마는 빨리 달려.)
→ 동사(runs) 수식


Rain is expected in the late afternoon. (늦은 오후에 비가 예상됩니다.)
→ 명사(afternoon) 수식

Sorry, I got up late. (미안해, 늦게 일어났어.)
→ 동사(got up) 수식


Can you see the high mountains? (높은 산이 보여?)
→ 명사(mountains) 수식

An eagle flies high in the sky. (독수리는 하늘을 높이 날아.)
→ 동사(flies) 수식

모양은 같지만 의미가 전혀 달라지는 경우도 있어요.


hard(단단한, 어려운 / 열심히), pretty(예쁜 / 상당히)


한 단어가 여러 뜻으로 쓰여

처음에는 다소 헷갈리고 혼란스러울 수 있지만,

다양한 예문을 접하다보면 자연스레 익숙해질 거예요.


A walnut is covered with a hard shell. (호두는 단단한 껍질로 싸여 있어.)
→ 명사(shell) 수식

He always studies hard. (그는 언제나 열심히 공부해. )
→ 동사(studies) 수식


Jinny has a pretty doll. (지니는 예쁜 인형을 갖고 있어.)
→ 명사(doll) 수식

The novel is pretty good. (그 소설은 상당히 훌륭해.)
→ 형용사(good) 수식

# 입 으로 복 습 하 기

1  수학은 **흥미로운** 과목이야.    Mathematics is an interesting subject.

   나는 수학에 **흥미가 있어**.    I am          in mathematics.

2  그 영화는 **지루했어**.    The movie was        .

   나는 그 영화 때문에 **지루해졌어**.    I was       by the movie.

3  그의 설명은 너무 **혼란스러웠어**.    His explanation was very      .

   그녀는 그의 말에 **혼란스러워졌어**.    She was       by what he told her.

4  그녀는 수업시간에 너무 **조용해**.    She is extremely quiet at class.

   그녀는 아주 **조용히** 말해.    She speaks very       .

5  나는 학교에 **절대** 늦지 않아.    I am       late for school.

   우리는 **언제나** 걸어서 등교해.    We       walk to school.

6  나는 **늦은** 봄에 씨를 뿌렸어.    I sowed the seeds in       spring.

   올해는 장미가 **늦게** 피었어.    This year, the roses bloomed      .

7  이글루는 **단단한** 눈 블록으로 만들어져.    Igloos are made of blocks of snow.

   성공하려면 **열심히** 일해야 해.    You should work       to make yourself successful.

**정답**

1 interesting / interested    2 boring / bored    3 confusing / confused

4 quiet / quietly    5 never / always    6 late / late    7 hard / hard

서메리의
동영상
강의

# 묘사의 특급 스킬: 비교급과 최상급

누군가 착하다든지, 어떤 산이 높다든지 하는 말을
형용사를 활용해 얼마든지 말할 수 있게 되었다면
이런 문장은 영어로 어떻게 말할까요?

제인은 로버트보다 착해.
에베레스트는 세계에서 가장 높은 산이야.

지금부터 그 특급 스킬을 공개할게요~

# '더' 분명한 묘사, 비교급

어떤 사람의 '키가 크다'라고 말할 땐

객관적인 기준이 없으니

듣는 사람에게 모호하고 와닿지 않을 때가 있어요.


그런데 여기에 비교 대상을 두어

'A보다 키가 더 크다'라고 말하면

A라는 확실한 기준이 생겨

듣는 사람의 머릿속에도 분명한 그림이 그려지는 거죠.

Jinny is tall. (지니는 키가 커.)

Jinny is taller than Joy. (지니는 조이보다 더 키가 커.)

비교급      비교 대상

'더 키가 큰(taller)'이라는 말은

'키가 큰(tall)'과 단어의 모양이 달라서

우리는 이를 '비교급'이라는 별도의 명칭으로 구분하고,

'~보다'라는 말은 than으로 그 뒤에 비교 대상이 와요.


tall의 비교급은 뒤에 er을 붙인 taller이지만,

다른 형태의 비교급도 있어요.


Chris is **more** famous than Susan. (크리스는 수잔보다 더 유명해.)


이 문장에서는 famous 뒤에 er을 붙이지 않고

앞에 more을 두었어요.


er을 붙일 것이냐, more를 둘 것이냐를

가르는 기준은 바로 형용사/부사의 단어 길이입니다.

단어가 짧으면 끝에 er을 붙이고, 길면 앞에 more이 와요.


She is rich**er** than him. (그녀는 그보다 더 부유해.)
She drives **more** carefully than John does.
(그녀는 존보다 더 주의해서 운전해.)


rich(부유한)는 짧아서 er이 붙었고,

carefully(주의해서)는 긴 단어라서 앞에 more이 왔어요.

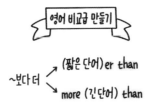

영어 비교급 만들기

~보다 더 → (짧은 단어)er than
         → more (긴 단어) than

문제는 짧은 단어와 긴 단어의 기준이 무엇인가인데요.

1음절짜리 단어 뒤에는 er을 붙이고,

2음절 이상의 단어 앞에는 more을 두되

예외적인 단어는 그때그때 기억하는 수밖에 없어요.


easy(쉬운)        →     easier(더 쉬운)

careful(신중한)    →     more careful(더 신중한)

highly(상당히)     →     highlier / more highly(더 많이)


'음절이 뭔데?' 하시는 분들은

아래 카툰을 참고하세요!

음절은 모음 발음이 몇 개 들어 있는지로 나뉘어요.
↳(a, e, i, o, u)
long = 1음절    careful = 2음절
luckily = 3음절
하지만 영어의 발음이 낯선 우리는 헷갈리기 쉽죠.

'careful'은 '케어풀'인데
왜 2음절이야?
??

그럴 땐 일부 영영사전이나 음절을 알려주는 온라인
서비스(www.howmanysyllables.com)에서
단어를 검색해보세요.

바른 이것!
care·ful [kerfl]
(형) 신중한

조금 전에 easier의 예에서도 보셨겠지만

er도 무조건 붙여선 안 되는 경우가 있어요.


○ -er 형태를 만드는 예외적인 규칙 ○

| | | |
|---|---|---|
| **nicer** | e로 끝나는 형용사/부사는 e를 없애고 +er | nice(멋진) → nicer<br>large(큰) → larger<br>vague(희미한) → vaguer |
| **easier** | y로 끝나는 형용사/부사는 y를 i로 바꾸고 +er | easy(쉬운) → easier<br>happy(행복한) → happier<br>early(이른, 일찍) → earlier |
| **hotter** | '단모음+단자음'으로 끝나는 형용사/부사는 마지막 자음을 한 번 더 붙이고 +er | hot(뜨거운) → hotter<br>fat(뚱뚱한) → fatter<br>wet(축축한) → wetter |


동사의 과거형/과거분사형처럼

불규칙한 비교급을 갖는 형용사/부사도 있어요.


| 불규칙형 비교급 | | | |
|---|---|---|---|
| good(좋은)<br>well(잘) | → better(더 좋은, 더 잘) | many(수가 많은)<br>much(양이 많은) | → more(더 많은) |
| bad(나쁜)<br>ill(아픈) | → worse(더 나쁜) | little(적은) | → less(더 적은) |


형용사나 부사의 원래 형태와 전혀 다르지만

자주 사용되는 말들이기 때문에 금세 익숙해질 수 있을 거예요.

# '가장' 분명한 묘사, 최상급

어떤 형용사나 부사가 나타내는 성질이 가장 두드러진

사람이나 사물에 대해 설명할 때 최상급이 사용돼요.


여럿 가운데 '가장 어떠하다'는 말인데

이런 표현도 결국 다른 사람(것)과 비교하여 나온 판단이잖아요.

그런 의미에서 최상급도 비교급의 연장선상에 있기 때문에

많은 규칙들이 비교급과 닮아 있어요.

Roses are beautiful flowers. (장미는 아름다운 꽃이야.)

Roses are more beautiful flowers than lilies.
　　　　　　비교급　　　　　(장미는 백합보다 더 아름다운 꽃이야.)

Roses are the most beautiful flowers in the world.
　　　　　　　최상급　　　　(장미는 세상에서 가장 아름다운 꽃이야.)

비교급을 만들 때,

형용사나 부사의 길이에 따라

뒤에 er을 붙이거나 앞에 more을 두었던 것처럼


최상급을 만들 때도

역시 형용사나 부사의 길이에 따라

뒤에 est를 붙이거나 앞에 most를 둬요.


She runs **the** fast**est**. (그녀는 가장 빨리 달려.)
He is **the most** intelligent student. (그는 가장 똑똑한 학생이야.)


그런데 눈치 채셨나요?

비교급 문장에는 없는데 최상급 문장에는 있는 것!

네, 맞아요!

최상급 앞에는 반드시 the를 넣어야 해요.

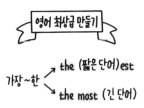

1음절짜리 짧은 단어 뒤에는 est를 붙이고,

2음절 이상의 긴 단어 앞에는 most를 둬요.

그리고 역시 예외인 단어들이 있어요.

| pretty(예쁜) | → | prettiest(가장 예쁜) |
|---|---|---|
| careful(신중한) | → | most careful(가장 신중한) |
| highly(상당히) | → | highliest / most highly(가장 많이) |

est를 붙일 때의 예외 규칙도 er을 붙일 때와 동일해요.

○ -est 형태를 만드는 예외적인 규칙 ○

| nicest | e로 끝나는 형용사/부사는 e를 없애고 +est | nice (멋진) → nicest<br>large (큰) → largest<br>vague (희미한) → vaguest |
|---|---|---|
| easiest | y로 끝나는 형용사/부사는 y를 i로 바꾸고 +est | easy (쉬운) → easiest<br>happy (행복한) → happiest<br>early (이른, 일찍) → earliest |
| hottest | '단모음+단자음'으로 끝나는 형용사/부사는 마지막 자음을 한 번 더 붙이고 +est | hot (뜨거운) → hottest<br>fat (뚱뚱한) → fattest<br>wet (축축한) → wettest |

마지막으로 불규칙한 비교급을 갖는 형용사/부사는

최상급도 불규칙합니다.

| 불규칙형 비교급&최상급 | | | | | |
|---|---|---|---|---|---|
| good(좋은)<br>well(잘) | better<br>(더 좋은, 더 잘) | best<br>(가장 좋은) | many<br>(수가 많은)<br>much<br>(양이 많은) | more<br>(더 많은) | most<br>(가장 많은) |
| bad(나쁜)<br>ill(아픈) | worse<br>(더 나쁜) | worst<br>(가장 나쁜) | little<br>(적은) | less<br>(더 적은) | least<br>(가장 적은) |

# 입으로 복습하기

1  톰은 스티브보다 나이가 더 많아.   Tom is _older_ Steve.

   톰은 우리 사무실에서 **가장 나이 많아.**   Tom is _____ in our office.

2  나는 평일보다 주말에 더 행복해.   I am _happier_ on weekends _____ during weekdays.

   나는 금요일 밤에 **가장 행복해.**   I am _____ on Friday night.

3  나는 언니보다 **더 예민해.**   I am _____ _sensitive_ _____ my sister.

   나는 우리 가족 중에서 **가장 예민해.**   I am _____ in my family.

4  제이미는 스티브보다 더 인기 있어.   Jamie is _____ _popular_ Steve.

   제이미는 우리 학교에서 **가장 인기** 있어.   Jamie is _____ in our school.

5  아빠가 엄마보다 요리를 더 잘해.   Dad cooks _better_ Mom.

   아빠는 우리 가족 중 **가장 요리를 잘해.**   Dad cooks _____ in my family.

**정답**

1 older than / the oldest                    2 happier, than / the happiest
3 more sensitive than / the most sensitive    4 more popular than / the most popular
5 better than / the best

서메리의
동영상
강의

## 정보를 붙여주는 접착제, 전치사

전치사는 문장 안에서 접착제 역할을 하는 단어예요.

밋밋한 소품에 접착제를 이용해 알록달록한 장식을 붙이듯,

전치사만 잘 활용하면

기본적인 내용만 담은 짧고 단순한 문장에

다양하고 생생한 정보를 얼마든지 덧붙일 수 있어요.

# 명사 '앞에 위치하는 말', 전치사

우리는 지금까지 하나의 완전한 문장을 만드는 법을 배웠어요.

**I met her.** (나는 그녀를 만났어.)

주어와 동사, 목적어를 모두 갖춘 완전한 문장이지만,

사실 대화를 하다보면 위와 같은 단순한 내용뿐 아니라

보다 구체적인 정보를 전달해야 할 때가 있잖아요.

이럴 때 우리말은 추가 정보에 해당하는 단어 뒤에

적절한 조사를 붙여서 문장에 끼워 넣죠.

나는 일요일**에** 그녀를 만났어.

추가 정보

영어에서는 **전치사**가 우리말의 조사처럼

**추가 정보를 문장에 붙여주는 역할**을 한답니다.

**I met her on** Sunday. (나는 일요일에 그녀를 만났어.)

Sunday(일요일) 앞에 붙은 on은

시간을 나타내는 전치사예요.


그런데 우리말 조사와 영어의 전치사는

역할은 같아도 위치는 정반대예요.

우리말 조사는 추가 정보에 해당하는 말 뒤에 붙지만,

영어의 **전치사는 추가 정보 앞에 붙어요.**

또 한 가지 중요한 점!

**전치사는 오직 명사 앞에만 붙을 수 있어요.**

즉, 추가 정보에 해당하는 말이 명사의 형태여야 해요.

I read a book **about** love. (나는 사랑에 대한 책을 읽었어.)
I will go **to** Paris. (나는 파리로 갈 거야.)

동사나 형용사/부사 같은 품사들을 전치사와 결합한 후

우리말로 번역해보면

왜 전치사가 명사 앞에만 올 수 있는지 금세 이해될 거예요.

지금까지 배운 것처럼

전치사의 개념은 아주 단순한데도 불구하고,

한국인들이 어려워하는 문법 중 하나로 늘 꼽히고 있어요.

그것은 전치사 자체가 가지고 있는 미묘한 뉘앙스 차이 때문인데요.

오늘 우리는 가장 헷갈리는 전치사들 위주로 배워볼게요.

# 전치사의 대표 주자
## at / on / in

전치사 at, on, in은

대다수의 한국인 학습자들이 알고 있을 정도로 많이 사용되지만

이 세 전치사를 정확히 구분해서 사용할 줄 아는 사람은 많지 않아요.


영어 문장에서의 뉘앙스나 쓰임새는 전혀 다른데

우리말 번역이 비슷하기 때문이죠.


우리말로는 모두 '~에' 정도로 번역되며

**시간이나 장소를 나타내는 명사와 결합하여**

**시간/장소 정보를 문장에 추가**해줘요.


I was born in August. (나는 8월에 태어났어. → 시간)
I live in Seoul. (나는 서울에 살아. → 장소)


위 두 문장을 이해하시는 데는 전혀 무리가 없으실 거예요.

그런데 아래 문장들을 보면

'~에' 하나로 다 해결되는 우리말과 달리,

영어에서는 구체적인 의미를 따져가며

각 상황에 맞는 전치사를 써야 한다는 것을 알 수 있어요.

I was born **at** midnight on August 15th.
(나는 8월 15일 자정에 태어났어.)
I was born **on** August 15th. (나는 8월 15일에 태어났어.)
I was born **in** August. (나는 8월에 태어났어.)

첫 번째 문장의 at은 특정한 시간(자정) 앞에,

두 번째 문장의 on은 날짜(8월 15일) 앞에,

세 번째 문장의 in은 한 달이라는 넓은 기간(8월) 앞에 쓰였어요.

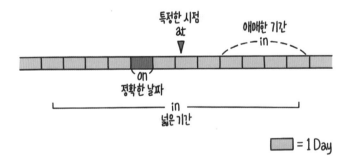

at, on, in은 '**시간의 범위**'라는 기준에 따라 구분되는데요,

at은 아주 좁고 구체적인 시점,

on은 정확한 날짜나 요일,

in은 보다 길거나 애매한 기간 앞에 사용됩니다.

아래 표를 통해 좀 더 구체적으로 예를 보여드릴게요.

| at + 구체적인 시점/시간 | on + 정확한 날짜/요일 | in + 길거나 애매한 기간 |
|---|---|---|
| • at 10 p.m. (오후 10시에) | • on Monday (월요일에) | • in spring (봄에) |
| • at 3 o'clock (3시에) | • on September 9th (9월 9일에) | • in August (8월에) |
| • at midnight (자정에) | | • in 2020 (2020년에) |
| • at lunchtime (점심시간에) | • on Christmas Day (크리스마스에) | • in the afternoon (오후에) |
| • at break (쉬는 시간에) | • on a holiday (휴일에) | • in the future (미래에) |

이제 장소 정보와 함께 사용되는 at, on, in에 대해 살펴볼게요.

이번에 세 전치사를 구분하는 기준은

바로 그 장소에 해당하는 공간과의 '접촉 범위'입니다.

우선 at은 지도에서 점으로 콕 찍을 수 있는

구체적인 장소 앞에 쓰여요.

I will meet him at the train station. (나는 그를 기차역에서 만날 거야.)

on은 공간의 한 면과 맞닿아 있을 때 사용해요.

The car is parked **on** the street. (그 차는 길에 주차되어 있어.)
The picture is hanging **on** the wall. (그 사진은 벽에 걸려 있어.)

in은 어떤 활동이 3차원 공간 안에서 이뤄질 때 사용해요.

A fish is swimming **in** the sea. (물고기가 바다에서 헤엄치고 있어.)

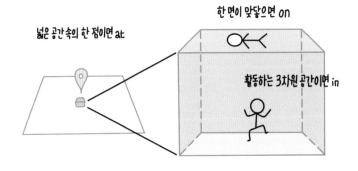

다음 두 문장을 비교해가며 읽어보세요.

She is sitting **at** her desk. (그녀는 자기 책상에 앉아 있어.)
The report is **on** her desk. (그 보고서는 그녀의 책상에 있어.)

같은 her desk이지만

첫 번째 문장의 책상은

넓은 공간에서 한 사람의 자리를 콕 찍은 지점이고,

두 번째 문장의 책상은 보고서와 맞닿아 있는 공간의 한 면이죠.

Let's meet **at** the cafe. (카페에서 만나자.)
They talked **in** the cafe. (그들은 카페에서 이야기를 나눴어.)

위 두 문장에서도 같은 cafe이지만

첫 번째 문장의 카페는 많은 장소들 중 점을 찍듯

한 지점을 정해 만나는 느낌이고,

두 번째 문장의 카페는 '이야기를 나누는' 활동이 이뤄지는

3차원 공간의 느낌이에요.

동일한 장소라도

공간을 바라보는 관점과 '접촉 범위'에 따라

사용되는 전치사가 달라지는 점,

이제 이해되시겠죠?

영어의 전치사처럼 어떤 기준을 가지고 구분해서 사용하는 것이

우리말에는 없는 개념이기 때문에 당연히 헷갈릴 수 있어요.


이러한 차이가 발생한 이유는

한국인은 시공간을 통합적으로 인식하는 반면,

영어권 사람들은 작은 차이까지 꼼꼼하게 따져 구분하기 때문이죠.

하지만 앞에서 배운 각 전치사들의 활용법을 염두에 두고

많은 영어 문장들을 접하다 보면

그 개념들에 익숙해지고 자연스럽게 사용할 수 있는 날이 올 거예요.

# 입 으로 복습하기

**1**    그 수업은 9시에 시작해.      The class begins    at    9 o'clock.

     그 수업은 매주 월요일에 있어.      The class is      Mondays.

     그 수업은 4월에 개강할 거야.      The class will open      April.

**2**    그 영화는 오후 5시 30분에 시작해.    The movie starts      5:30 p.m.

     나는 토요일에 그 영화를 볼 거야.      I will see the movie      Saturday.

     그 영화는 11월에 개봉했어.      The movie was released November.

**3**    나는 점심시간에 얘기하는 게 좋아.    I like to talk      lunchtime.

     수요일에 얘기할게.      I'll talk to you      Wednesday.

     수업 중에 얘기하지 않는 게 좋아.    You shouldn't talk      class.

**4**    토미는 샌프란시스코에서 일해.      Tommy works      San Francisco.

     프론트데스크에서 토미를 봤어.      I saw Tommy      the front desk.

**5**    나 지금 버스에 있어.      I'm      the bus right now.

     나는 차에서 음악을 들어.      I listen to music      the car.

**6**    2번 출구에서 만날게.      I'll see you      the Exit 2.

     휴게실은 3층에 있어.      The lounge is      the 3rd floor.

정답

**1** at / on / in      **2** at / on / in      **3** at / on / in

**4** in / at      **5** on / in      **6** at / on

서메리의
동영상
강의

# 중복 없이 두 문장을 하나로, 관계대명사

외국어로서 영어를 배우는 과정은
모국어를 배우는 과정과 다를 바가 없어요.
처음에는 '엄마', '아빠' 수준의 짧은 단어들을 배우고,
어린 아이처럼 짧은 문장들로만 말하다가
어느 정도 시간과 실력이 쌓이면
여러 문장들이 조합된 길고 세련된 문장을 구사하게 되는 거죠.

특히 중복되는 명사 없이 어른스러운 문장을 만들어주는
관계대명사에 대해 배워볼게요.

Today, I heard a song. It was so touching!
(오늘 어떤 노래를 들었어요.
너무 좋은 노래였어요!)

Today, I heard a song which was so touching.
(오늘 너무 좋은 노래를
들었어요)

# 불필요한 중복 대신
## '관계대명사'

아래 두 문장을 비교해볼게요.

I made a friend. She was my age.
(오늘 친구를 사귀었어요. 그 애는 나랑 동갑이에요.)
I made a friend **who** was my age.
(오늘 나랑 동갑인 친구를 사귀었어요.)

같은 내용을 담고 있지만,

아래 문장이 훨씬 어른스럽고 유창하게 느껴지죠?

그 이유는 두 문장이 하나로 합쳐지면서

불필요하게 중복되는 부분이 제거되었기 때문이에요.

I made a friend. She was my age.

앞 문장의 a friend(친구)와 뒤 문장의 She(그 애)는 동일한 사람이므로

굳이 반복해서 두 번 말해줄 필요가 없죠.

하지만 중복을 피하려고 뒤쪽의 단어를 무작정 빼버리면

문장에 구멍이 생겨요.

I made a friend. (생략) was my friend.

She가 사라지면서 주어 자리가 비었죠?

이럴 때 두 문장을 하나로 이어주면서

사라진 단어의 빈자리까지 메워주는 것이

바로 오늘의 주인공, **관계대명사의 역할**입니다.

I made a friend **who** was my age.

who가 접착제와 충전재의 역할을 동시에 해준 덕분에

중복은 피하고 있어야 할 것은 다 있는 문장이 되었어요.

위 예문에서 활약한 관계대명사 who 외에도

기본적이고 핵심적인 관계대명사들을 만나보도록 해요.

# 주어를 대신하는
## '주격 관계대명사'

다양한 관계대명사들 중에서도 일상회화에서 가장 많이 쓰이는 것은

**주어를 대신하는 주격 관계대명사**와

**목적어를 대신하는 목적격 관계대명사**인데요.


앞서 만난 문장에서 She를 대신했던 관계대명사 who가

바로 주격 관계대명사예요.


중복된 부분이 있는 **두 문장을 연결할 때**

그 과정에서 **사라진 빈자리가 주어 자리라면**

**주격 관계대명사**를 써요.


I saw a boy. He was reading a book.
(나는 한 소년을 보았어. 그는 책을 읽고 있었어.)


두 문장에서 중복되는 부분은 a boy(소년)와 He(그)예요.

그렇다면 뒤쪽의 단어를 없애고 두 문장을 합쳐볼게요.


I saw a boy (생략) was reading a book.

이제 생략된 부분에 관계대명사를 넣어야 하는데

문제는 어느 관계대명사를 넣느냐 하는 거죠.

이때 크게 두 가지를 고려해야 해요.

첫째, 사라진 단어가 원래 문장의 주어인가, 목적어인가?

둘째, 그 단어가 사람인가, 사물인가?

위 예문에서 생략된 He는 문장의 주어이고 사람이죠.

그래서 **사람을 대신하는 주격 관계대명사 who**를 넣은 거예요.

> I saw a boy **who** was reading a book.
> (나는 책을 읽고 있는 한 소년을 보았어.)

생략된 주어가 동물이나 사물이라면

who 대신 which를 사용해야 해요.

I had a burger. It was made by Mark.
(나는 햄버거를 먹었어. 그것(햄버거)은 마크가 만든 거야.)

↓

I had a burger **which** was made by Mark.
(나는 마크가 만든 햄버거를 먹었어.)

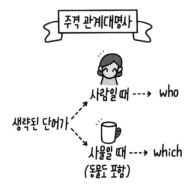

# 목적어를 대신하는
## '목적격 관계대명사'

목적격 관계대명사의 기본 원리도 주격 관계대명사와 동일해요.

중복된 부분이 있는 두 문장을 연결할 때

빈자리가 목적어 자리라면 목적격 관계대명사가 필요하죠.

그리고 사라진 목적어가 사람이냐, 사물이냐에 따라

쓸 수 있는 단어가 달라져요.

사람 목적어가 생략된 경우에는 whom을 사용하고

목적격 관계대명사는 생략하여 말하는 경우도 많아요.

I will meet the boy. Everybody likes him.
(나는 그 소년을 만날 거야. 모두가 그를 좋아해.)
↓
I will meet the boy (**whom**) everybody likes.
(나는 모두가 좋아하는 그 소년을 만날 거야.)

중복되는 the boy(소년)와 him(그를) 중에서 him을 빼고

문장 사이를 whom으로 이어줬어요.

사물 목적어가 생략된 경우는 which를 사용하면 돼요.

This is the book. My friend reads it.
(이것은 책이야. 내 친구가 그것을 읽어.)
↓
This is the book (**which**) my friend reads.
(이것은 내 친구가 읽는 책이야.)

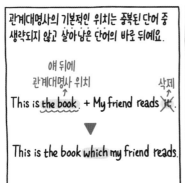

이제 일상회화에서 관계대명사를 사용할 때 필요한

두 가지 사항을 추가로 알려드릴게요.

첫째, 격식 없는 글이나 대화에서는

목적격 관계대명사 whom 대신에 who를 더 많이 사용해요.

I will meet the boy (whom) everybody likes.
= I will meet the boy (who) everybody likes.

따라서 사람을 대신하는 관계대명사라면

주격이든 목적격이든 관계없이 who를 써도 되는 거죠.


둘째, 격식 없는 대화에서는

**모든 주격/목적격 관계대명사 대신 that**을 쓸 수 있어요.


I saw a boy that was reading a book.
→ 사람 주격 관계대명사

I had a burger that was made by Mark.
→ 사물 주격 관계대명사

I will meet the boy (that) everybody likes.
→ 사람 목적격 관계대명사

This is the book (that) my friend reads.
→ 사물 목적격 관계대명사


다시 말해서, 일상회화를 할 때는 특별한 경우가 아니라면

that 하나로 모든 문장을 연결할 수 있다는 거죠.


'아니, that 하나만 알면 되는데

지금까지 뭐 하러 온갖 관계대명사를 배운 거야?'

라는 생각이 드시나요?

격식을 갖춘 대화나 문서에서는

who, whom, which를 쓰는 경우도 많으므로

만능열쇠인 that뿐 아니라 기본 규칙까지 다 알아두셔야 해요!

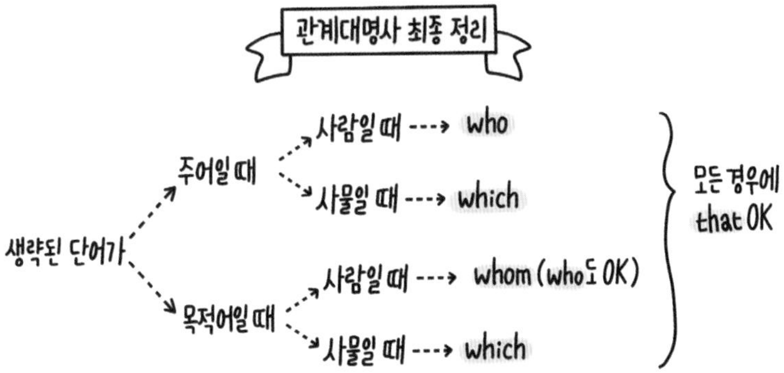

관계대명사 최종 정리

생략된 단어가

주어일 때
- 사람일 때 ---→ who
- 사물일 때 ---→ which

목적어일 때
- 사람일 때 ---→ whom (who도 OK)
- 사물일 때 ---→ which

모든 경우에 that OK

# '효율 1등급' 관계대명사
## what

다음 문장들을 살펴보세요.

This is the necklace. I want it.
(이게 그 목걸이야. 나는 이걸 원해.)
This is the necklace **which**(=that) I want.
(이게 내가 원하는 목걸이야.)

목적격 관계대명사 which나 that으로 연결된

두 번째 문장이 첫 번째 문장에 비해 훨씬 효율적이죠.

중복되는 내용 없이 한 문장으로 끝나니까요.

그런데 현실대화에서는 이보다 더 효율적인 문장을 말해요.

친구와 함께 쇼핑을 하다가

그동안 너~무 갖고 싶었던 목걸이를 발견했다면,

뻔히 눈앞에 보이는 걸 굳이 '목걸이'라고 말하지 않을 거예요.

보통은 이렇게 말하죠.

"이게 내가 원하는 거야."

'거(것)'라는 짧은 단어 하나에

말하고 싶은 내용이 모두 포함되어 있죠.

**'~하는 것', '~인 것'에 해당하는 영어 단어가**

**바로 what이에요.**


**This is** what **I want.** (이게 내가 원하는 거야.)


말의 길이가 엄청나게 짧아졌죠?

관계대명사로 연결하기 전의 두 문장을 기준으로 하면

앞뒤로 구멍이 난 셈이에요.


This is (생략). + I want (생략).


저는 학창시절에

관계대명사 앞에 나오는 명사를

'선행사'라는 어려운 용어로 배웠어요.

그래서 이 명사까지 생략해버린다는 의미에서

what을 '선행사를 포함하는 관계대명사'라고 배우기도 했죠.

그런데 이런 용어들을 모른다 해도

관계대명사 what을 쓰고 말하는 데는 전혀 지장이 없어요.

뻔히 아는 내용을 전부 생략하고

극도로 짧은 문장을 쓰고 싶을 때,

우리말의 '거(것)'에 해당하는

'what'을 사용한다는 것만 기억하세요!

효율성을 중시하여 짧은 문장을 선호하는 **원어민들은**

**실생활에서 what이 들어간 표현을 굉장히 많이 써요.**

This is what I told you. (이게 내가 말했던 거야.)
Here's what you want. (네가 원하는 거 여기 있어.)
I know what she does. (난 그녀가 하는 것을 알아. = 뭘 하는지 알아.)
You know what I'm talking about.
(내가 말하는 것을 알잖아. = 무슨 말인지 알잖아.)

내가 자주 듣고 말하던 일상회화 문장 속에

관계대명사 what이 들어 있던 것 알고 계셨나요?

**1** 나는 식당에서 만났던 **여자를** 봤어.

I saw a woman _____ I had met at the restaurant.

여기가 그 여자가 자주 가는 **식당이야.**

This is the restaurant _____ she often visits.

**2** 그녀는 공포영화를 싫어하는 **사람이야.**

She is a person _____ doesn't like horror movies.

공포영화는 그녀를 불편하게 만드는 **장르야.**

Horror is a genre _____ makes her uncomfortable.

**3** 어제 네가 **산 바지를** 보여줘.

Show me the pants _____ you bought yesterday.

어제 네가 **산 것을** 보여줘.

Show me _____ you bought yesterday.

**4** 콜라는 내가 마시고 싶은 **음료가** 아니야.

Coke is not the beverage _____ I want to drink.

콜라는 내가 마시고 싶은 **것이** 아니야.

Coke is not _____ I want to drink.

**5** 네가 원하는 **책을** 고를 수 있어.

You can choose a book _____ you want.

네가 원하는 **것을** 고를 수 있어.

You can choose _____ you want.

서메리의
동영상
강의

# 무엇이든 '연결'해드립니다, 접속사

접속사는 관계대명사처럼 문장의 구멍을 메워주는 기능은 없지만
단어와 단어, 문장과 문장을 개수의 제한 없이 자유자재로 연결해요.
다시 말해, 접속사를 활용하면 문장을 무한히 길게 만들 수 있다는 거죠.

도대체 어떤 마법을 부리길래 이런 일이 가능한 건지,
지금부터 접속사의 비밀을 차근차근 풀어볼게요.

# 웰컴 투 접속사 월드~!

접속사는 문장을 구성하는 요소들을 연결하는 역할을 해요.

접속사로 연결되는 요소로는

'단어와 단어'부터 '문장과 문장'까지 다양하죠.


접속사의 종류는 크게 두 가지로 나눌 수 있는데요.

하나는 서로 대등한 요소를 연결하는 등위접속사,

또 하나는 한 문장이 다른 문장의 보조 역할을 하는 형태로

두 문장을 연결하는 종속접속사예요.

여러분이 잘 알고 있는

대표적인 등위접속사 and와

종속접속사 when을 예로 들어볼게요.

I have an apple, and she has an orange.

문장 1      등위접속사      문장 2

(나는 사과가 있고, 그녀는 오렌지가 있어.)

She didn't answer when I called her.

문장 1      종속접속사      문장 2

(내가 전화했을 때, 그녀는 받지 않았어.)

첫 번째 문장의 and는

중요도가 같은 두 개의 문장을 대등하게 연결하고 있죠.

반면에 두 번째 문장의 when은

두 문장을 연결하고 있지만

문장 1과 문장 2의 중요도는 같지 않아요.

when으로 연결된 문장 2가 문장 1을 도와서

전화를 받지 않은 시점이 언제인지 설명하는 역할을 맡고 있어요.

등위접속사와 종속접속사를 구분하기 어렵다면

**접속사 앞뒤의 문장 1과 문장 2를 분리해서**

**각각이 독립적인 의미를 갖는지** 살펴보면 쉽게 알 수 있어요.

문장 1: I have an apple. (나는 사과가 있어.)

문장 2: She has an orange. (그녀는 오렌지가 있어.)

첫 번째 문장의 문장 1과 문장 2는 모두 **독립적인 의미**를 가지므로

**등위접속사가 와서 대등하게 연결**하는 것이 맞아요.

문장 1: She didn't answer. (그녀는 받지 않았어.)

문장 2: I called her. (나는 그녀에게 전화했어.)

두 번째 문장을 문장 1, 2로 분리하면

원래 긴 문장에 있던 시점을 설명해주는 정보가 사라져

문장 1의 의미가 분명하지 않아요.

**한 문장이 보조 역할을 하도록 만드는 종속접속사가 필요**한 거죠.

# 수준 맞는 애들끼리 연결해주는
# 등위접속사

등위접속사를 사용할 때, 꼭 지켜야 할 규칙은

접속사 앞뒤에 반드시

서로 수준이 맞는 문장 요소를 넣어야 한다는 거예요.

'수준이 맞는 문장 요소'라는 게 무슨 뜻이냐고요?

문장은 문장끼리, 단어는 단어끼리,

같은 단어라도 명사는 명사끼리, 형용사는 형용사끼리만

등위접속사로 연결할 수 있다는 뜻이죠.

I love fruits **and** vegetables. (나는 과일과 채소를 좋아해.) (O)
명사 등위접속사 명사

I love fruits **and** healthy. (나는 과일과 건강한(?)을 좋아해.) (X)
명사 등위접속사 형용사

fruits(과일)과 healthy(건강한)는 각각 명사와 형용사로

서로 수준이 맞지 않으니 문법적으로 틀린 문장입니다.

She likes singing **and** dancing. (그녀는 노래와 춤을 좋아해.) (O)
동명사 등위접속사 동명사

She likes singing **and** to dance. (그녀는 노래와 춤을 좋아해.) (X)
동명사 등위접속사 to부정사

이번에는 조금 더 난이도가 높은 예를 들어봤어요.

우리말 해석은 동일하지만,

singing(노래하기)과 to dance(춤추기)는 각각 동명사와 to부정사로

서로 다른 형태이기 때문에 문법적으로 틀린 문장입니다.

또 한 가지 살펴볼 규칙은

여러 단어를 연결하는 경우에 필요한 규칙으로,

접속사 and로 세 개 이상의 단어를 연결할 땐

우선 쉼표(,)로 연결하다가

맨 마지막 단어 앞에만 and를 써야 합니다.

She hung out with Jamie, Giselle, **and** Susie.
(그녀는 제이미, 지젤, 그리고 수지와 함께 놀았어.)

연결되는 말이 아무리 길어져도

and는 마지막 한 번만 쓰는 거예요.

등위접속사에도 여러 가지가 있지만

대표적인 등위접속사 3가지만 잠깐 살펴볼게요.

우선 and는 우리말의 '그리고'와 같은 뜻을 갖는 접속사예요.

앞뒤에 오는 말을 대등하게 연결해주죠.

I have a brother and a sister.
         명사           명사

(나에겐 오빠와 언니가 있어.)

He is a college student and his name is Tommy.
         문장                        문장

(그는 대학생이고 이름이 토미야.)

'하지만', '그러나'의 의미를 지닌 접속사 but은

앞뒤의 말이 서로 대비돼요.

He is smart but lazy. (그는 영리하지만 게을러.)
　　　형용사　　　형용사

Press the A button, but don't press the B button.
　　　　문장　　　　　　　　　　　　　문장

(A 버튼은 누르지만, B 버튼은 누르지 마세요.)


'또는'이라는 뜻을 가진 접속사 or는

'이것 아니면 저것'이라는 선택의 뉘앙스를 가져요.

Please pick yes or no. (예 또는 아니요 중에서 고르세요.)
　　　　　명사　　명사

You can go to the mountain, or you can go to the beach.
　　　　　　　문장　　　　　　　　　　　　　　문장

(너는 산에 갈 수도 있고, 또는 해변에 갈 수도 있어.)

# 주제 문장과 보조 문장을 연결하는
# 종속접속사

종속접속사는 두 문장을 연결하는데

한 문장은 진짜 하고자 하는 말이 담긴 주제 문장이고,

종속접속사 뒤에 나오는 문장은

시간, 이유, 조건 등의 부가 정보를 제공하여

주제 문장을 돕는 보조 문장이에요.


기존 영문법에서는

주제 문장을 주절, 보조 문장을 종속절이라고도 부르지만,

용어보다는 개념을 이해하는 것이 중요합니다.


몇 가지 종속접속사를 살펴보면,

앞에서 미리 만난 when은 '~할 때'라는 의미로

시간 정보를 제공하는 종속접속사예요.


I don't go shopping when it rains. (비가 올 때, 나는 쇼핑을 가지 않아.)
주제 문장(주절)        종속접속사 보조 문장(종속절)

이 문장에서 화자가 하고자 하는 말은

'쇼핑을 가지 않는다'는 것이고

언제 가지 않는지 시간 정보가 보조 문장에 나와 있어요.

또 하나의 대표 종속접속사 because는

'~이기 때문에', '~이라서'라는 의미로 이유를 설명해줘요.

I ate a slice of pizza because I felt hungry.
　　　주제 문장　　　　　종속접속사　　보조 문장

(나는 배가 고파서 피자 한 조각을 먹었어.)

= Because I felt hungry, I ate a slice of pizza.
　종속접속사　　보조 문장　　　　주제 문장

if는 '만약 ~한다면'이라는 의미로 조건을 설명해줍니다.

You will be thirsty if you don't drink water.
주제 문장     종속접속사     보조 문장

(만약 물을 마시지 않는다면 목이 마를 거야.)

= If you don't drink water, you will be thirsty.
종속접속사     보조 문장           주제 문장

어떤 경우라도 종속접속사 뒤에 있는 문장이 보조 문장이라는 점!

보조 문장이 앞으로 올 땐 주제 문장 앞에 콤마가 온다는 점!

이 두 가지만 꼭 기억해주세요!

1  그의 강아지는 작고 귀여워.　His dog is small　and　cute.

　그의 강아지는 크니, **아니면** 작니?　Is his dog big　　small?

　그의 강아지는 크**지만** 귀여워.　His dog is big　　cute.

2  내가 거기 도착했을 **때** 이미
파티는 끝나 있었어.　When　I got there, the party was already  over.

3  시험에 통과했**기 때문에**,
로즈는 정말 행복했어.　　she passed the test, Rose was so happy.

4  **만약** 내일 날씨가 맑**다면**,
나는 공원에 갈 거야.　　it is sunny tomorrow, I will go to the park.

5  고객이 도착했을 **때** 내게
알려주세요.　Please tell me　　the client arrives.

6  만약 이 게임을 놓친**다면**
후회할 거야.　You will regret it　　you miss this game.

7  내가 당근을 싫어하는 건 맛이
이상하**기 때문이야**.　I don't like carrots　　it tastes weird.

# 확률에 따라 달라지는 가정법의 클라스

숫자를 중시하는 영어권 사람들은 확률에도 아주 민감해요.
우리말에서는 '만약에'라는 한 단어로 뭉뚱그려서 말할 수 있는 여러 경우를
영어에서는 '발생 확률'에 따라 세세하게 나눠서 표현하죠.

그동안 공식처럼 외우기만 했던 가정법의 세계,
이제는 영어권의 문화와 더불어 개념부터 이해해보도록 해요.

# 뉘앙스가 살아 있는
# 영어의 가정법

여러분이 친구에게 이런 말을 들었다고 생각해보세요.


"만약 보너스를 받는다면...."


이 친구는 자신이 보너스를 받을 수 있다고 생각하는 걸까요,

아니면 받지 못할 줄 알면서도 부질없는 상상을 하는 걸까요?


정답은

'알 수 없다'입니다.


하지만 같은 말을 영어로 한다면,

가정하는 상황의 발생 확률이 문장 속에 나타나 있어요.

If I get a bonus, I will buy a new car.
(만약 보너스를 받는다면 새 차를 살 거야.)
If I got a bonus, I would buy a new car.
(만약 보너스를 받는다면 새 차를 살 텐데.)

'만약 보너스를 받는다면'이라는 우리말 번역은 같지만

두 영어 문장의 뉘앙스는 완전히 달라요.

첫 번째 문장은 보너스를 받을 **확률**이

'**확실치 않지만 어느 정도 있다**'

두 번째 문장은 **확률**이 '**0%에 가깝다**'는

뉘앙스를 각각 가지고 있어요.

한 마디로, 각각 가능함과 불가능함을 나타내고 있는 거죠.

# 가능한 상황의 if

먼저 '가능함'의 뉘앙스를 가진 가정법을

함께 살펴보도록 해요.


우리는 이미 Day 17에서 종속접속사의 한 종류로

if를 만나봤어요.


그때 함께 배웠던 문장을 다시 한 번 볼게요.


If it **rains, we will** not go out.

(만약 비가 온다면 **우리는** 외출하지 않을 거야.)


이 문장은 아직 일어나지 않은 '비오는 상황'에 대해

비가 올지 안 올지 모르지만

비가 올 확률은 있고

만약 온다면 외출하지 않겠다는 의미로 한 말이에요.


이렇게 **발생 확률이 어느 정도 있는 '가능한'** 상황을 가정할 땐,

종속접속사 if로 이끄는 보조 문장 속의 동사는 현재형,

주제 문장의 동사는 'will/can…+동사의 기본형'으로 써야 해요.

if가 이끄는 보조 문장 속 동사가 현재형이라서

이러한 문장 형태를 '가정법 현재'라고 부르기도 하지만

정식 명칭이 아니고 편의에 따라 생긴 용어이니

명칭보다는 개념을 더 확실히 이해하는 것이 좋겠습니다.

아래 우리말 문장을 보세요.


"너 공부 안 하면 시험 망칠 거야."


이 말을 듣는 사람이 공부를 할 수도 있지만,

공부를 안 할 가능성도 있으므로

발생 확률이 있다고 보고

가능한 if의 가정법을 활용해 말하는 겁니다.

If you **don't** study hard, you **will** fail your exam.

(만약 **열심히** 공부 안 하면 **시험을** 망칠 거야.)

= You **will** fail your exam if you **don't** study hard.

If we **hurry**, we **will** get there in an hour.

(만약 서두르면 한 시간 안에 거기 도착할 거야.)

= We **will** get there in an hour if we **hurry**.

if, 현재 동사, 미래 조동사가 들어간 문장은

대략 이 정도 확률을 커버할 수 있어요!

# 불가능한 상황의 if

살다 보면 전혀 불가능한 줄 알면서도

어떤 가정을 하게 될 때가 있죠.


만약 복권에 당첨된다면 회사를 그만둘 거야.

만약 내가 너라면 그렇게 하지는 않을 거야.


복권에 당첨될 확률은 사실상 0%에 가깝고

상대방과 내 몸이 바뀌는 건 영화에서나 나올 일이지만,

인간의 상상력과 바람은 이런 일들을 자꾸만 가정하게 만들죠.


우리말에서는 확률까지 따져가며 말하지 않지만

확률에 극도로 민감한 영어는

그 차이를 문장 속에 그대로 드러내어 표현합니다.

If I **won** the lottery, I **would** quit this job.
(만약 **복권**에 당첨된다면 **회사를** 그만둘 텐데.)

If I **were** you, I **would** not do that.
(만약 내가 너라면 **그렇게 하지는** 않을 텐데.)

위 문장들에서 눈여겨보셔야 할 부분은 두 가지예요.

첫째, 우리말 번역은 현재시제(당첨된다면, 너라면)인데
영어 문장은 과거시제(won, were)로 되어 있죠.

둘째, 두 번째 문장의 주어가 I인데
be동사 was가 아닌 were가 쓰였어요.

결론부터 말씀드리면
영어에서는 **불가능한 상황을 가정할 때**
**if로 연결하는 보조 문장의 동사는 과거형,**
**주제 문장의 동사는 'would/could···+동사의 기본형'으로 써요.**
역시 보조 문장의 동사가 과거형이기 때문에
'가정법 과거'라고 부르기도 하지만
개념상 과거시제와는 전혀 관련이 없어요.

여기에 한 가지 더!

If로 연결하는 보조 문장에 be동사가 들어갈 땐

주어가 사람이든 사물이든 인칭에 관계없이

무조건 were로 써야 해요.

아래 문장을 보세요.

If the weather **were** fine, we **would** go on a picnic.
(날씨가 좋다면 소풍을 갈 텐데.)

날씨가 좋을 확률이 어느 정도 있는 건데

왜 If the weather is fine이라고 써서

가능한 if의 가정법으로 표현하지 않았는지

묻는 사람이 분명히 있을 거예요.

위 문장은

말하는 시점에 이미 비가 내리거나 하여

날씨를 되돌려 좋아질 확률이 0%에 가깝기 때문에

불가능한 if의 가정법으로 표현한 거예요.


결론적으로 말해,

**'가능'과 '불가능'의 기준은**

**'말하는 사람의 생각'**이라고 할 수 있어요.


객관적으로 확률이 아무리 낮은 일이라도

말하는 사람이 가능하다고 생각하면

현재형을 써서 가능한 if의 가정법으로 얘기하고,

일어날 가능성이 꽤 높아 보이는 일이라도

불가능하다고 판단하면

과거형을 써서 불가능한 가정법으로 표현하는 거죠.

물론 말하는 사람의 생각과 상관없이

과학적으로 명백히 불가능한 상황도 있어요.

If the Earth **stood** still, **I would** marry her.
(만약 지구가 멈춘다면 그녀와 결혼할게.)

어쨌든 가정법은 단순한 발생 확률이 아니라

말하는 사람의 생각과 의지를 보여줄 수 있다는 점 참고하세요.

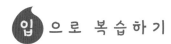

# 입으로 복습하기

**1** 만약 알프스에 **가면** 스키 타러 갈 **거야.**

If    I    go    to the Alps,
I   will   go skiing.

만약 내가 알프스에 **있다면** 스키 타고 **있을** 텐데.

I        in the Alps,
I        be skiing.

**2** 네가 내 생일파티에 **나타나면** 난 무척 행복할 **거야.**

    you        to my
birthday party, I    be very happy.

네가 내 생일파티에 **나타난다면** 난 무척 행복할 텐데.

    you        to my
birthday party, I    be very happy.

**3** 그를 **만나면** 번호를 물어볼 **거야.**

    I    him, I    ask
his phone number.

그를 **만난다면** 전화번호를 물어볼 텐데.

    I    him, I    ask
his phone number.

**4** 일을 열심히 **하면** 승진할 **거야.**

    you    hard, you
get promoted.

일을 열심히 **한다면** 승진할 텐데.

    you    hard, you
get promoted.

**5** 사실대로 **말하면** 그녀의 화가 풀릴 **거야.**

    you    the truth, her
anger    melt away.

사실대로 **말한다면** 그녀의 화가 풀릴 텐데.

    you    the truth, her
anger    melt away.

**정답**

**1** If, go, will / If, were, would    **2** If, show up, will / If, showed up, would    **3** If, meet, will / If, met, would
**4** If, work, will / If, worked, would    **5** If, tell, will / If, told, would